Gotthard Fuchs
Jürgen Werbick

Scheitern und glauben

Gotthard Fuchs
Jürgen Werbick

Scheitern und Glauben

Vom christlichen Umgang mit Niederlagen

Herder
Freiburg · Basel · Wien

Umschlaggrafik: Peter Herrmann

Herstellung: Freiburger Graphische Betriebe 1991
ISBN 3-451-22425-9

Christen und Heiden

Menschen gehen zu Gott in ihrer Not,
flehen um Hilfe, bitten um Glück und Brot,
um Errettung aus Krankheit, Schuld und Tod.
So tun sie alle, alle, Christen und Heiden.

Menschen gehen zu Gott in Seiner Not,
finden Ihn arm, geschmäht, ohne Obdach und Brot,
sehn Ihn verschlungen von Sünde, Schwachheit und Tod.
Christen stehen bei Gott in Seinen Leiden.

Gott geht zu allen Menschen in ihrer Not,
sättigt den Leib und die Seele mit Seinem Brot,
stirbt für Christen und Heiden den Kreuzestod
und vergibt ihnen beiden.

Dietrich Bonhoeffer

Inhalt

Vorwort

Glauben und Scheitern – das Thema liegt offensichtlich in der Luft, und den Gründen wäre im einzelnen nachzuspüren. Jedenfalls waren wir überrascht, unabhängig voneinander fast zur gleichen Zeit auf diesen Zusammenhang gestoßen zu sein – und im gemeinsamen Arbeiten tauchten immer mehr Bezüge zu neuerer theologischer und spiritueller Literatur auf: Viele Einzelerfahrungen mit und von anderen fügten sich nahtlos in unsere Überlegungen ein. Beim einen war es die Vorbereitung eines Referates für den Kongreß der deutschen Eheberaterinnen und Eheberater zum Thema „Trennung und Abschied" – und prägend bleibt von damals die Überraschung, wie mitten im theologischen Nachdenken über Scheitern und Niederlagen die Frage auftauchte, ob denn Gott selbst scheitern könne. Daraus entstanden dann weitere Vorträge und Aufsätze. Für den anderen war es, ebenfalls im Kontext jahrelangen Nachdenkens und Lehrens, die redaktionelle Mitverantwortung für die Zeitschrift „Der Prediger und Katechet", für deren breite Leserschaft aus dem Kreis der Priester- und Laienseelsorger das Thema dringlich geworden war. So verfaßten wir für diese Zeitschrift einen dreiteiligen Text, der nun in erheblich erweiterter Form als Buch erscheint. (Dem Erich Wewel Verlag danken wir für die Freigabe des Manuskripts.)

Vorgeschichte und Zielsetzung unserer Texte machen deutlich, warum wir eine Mischform der Darstellung gewählt haben. Wir haben nämlich nachdenkliche Leserinnen und Leser vor Augen, die sich auch den „Brucherfahrungen" des alltäglichen Lebens wie den Grundaporien der Gegenwart im Lichte des christlichen

Glaubens zu stellen wagen, ohne die Krisenerfahrungen in Christenheit und Kirche beschönigen oder dramatisieren zu wollen. Unsere Texte verdanken sich wesentlich dem Gespräch mit Frauen und Männern, auch Kindern, die von Erfahrungen des Scheiterns in und an der Kirche betroffen sind. So verzichten wir auf ausführliche theologische Begründungen oder gar Auseinandersetzungen mit anderen Positionen. Wir setzen sie voraus. Wir wollen aber ebensowenig erbaulich im schlechten Sinne reden. Im Hintergrund steht vielmehr der Wunsch nach einer zweiten Naivität im Glauben, nach jener christlichen „Ein-Falt" also, für die schließlich auch die kompliziertesten Ent-Faltungen und Verästelungen des Arguments eingeborgen sind in die Mitte des Christlichen. So versuchen wir eine – in allen Vermittlungen unmittelbare – erfahrungsbezogene und praxisnahe Entfaltung des Glaubens unter einer zentralen Fragestellung, die nicht zuletzt Selbstverständnis und Praxis des realexistierenden Christentums betrifft. Die vielfach empfohlene Trennung zwischen (kritischer) Theologie einerseits und (frommer) Spiritualität andererseits halten wir für grundfalsch und sehr gefährlich, weil sie etwas auseinanderreißt, was innerlich zusammengehört: Jede Theologie, die wirklich bei ihrer Sache ist, ist auch spirituell und im Wortsinn erbaulich, weil bezogen auf die Auferbauung der Gemeinde und der einzelnen in ihr; jede Spiritualität, die sich Rechenschaft gibt über ihre Option (und wann je ginge es anders?), ist wesentlich auch theologisch, verpflichtet also auf die nachdenkende Verantwortung ihrer Inhalte.

Entsprechend verknüpfen die vier Kapitel – ohne Angst vor Wiederholungen – in gleichermaßen reflexivem wie meditativem Durchgang Grundüberzeugungen christlichen Glaubens mit der Beschreibung der Lebenswirklichkeit, stets um die Vergewisserung des Schriftzeugnisses bemüht und die Herausforderungen der Glaubensgeschichte aufnehmend. Gesucht wird eine möglichst genaue „Erdung" in der Lebenswelt und also auch in der Kirche, wie sie heute und hierzulande faktisch ist. In diesem Sinne mögen die folgenden theologischen Meditationen dazu helfen, die arm-selige Spannkraft des ganzen sterblichen Lebens und der Grenzen des Wachstums im Lichte des Glaubens tiefer zu verstehen, konsequenter zu realisieren und vorherrschende Dualismen zwischen Theorie und Praxis in den Kirchen, aber auch weit darüber hinaus, zu vermeiden oder zu überwinden.

I. Vom christlichen Umgang mit Niederlagen

Depressionspflege?

Vom Scheitern wird heute viel gesprochen: vom Scheitern der „anderen", in dem man sich bestätigt sieht; vom Scheitern, das „uns" selbst heimsucht und in Frage stellt. Daß der Kommunismus, der Marxismus, der Sozialismus und mit ihnen die „großen Ideologien des 19. Jahrhunderts" gescheitert seien, das war gewiß das beherrschende Thema in vielen Gesprächen, Diskussionen und Feuilletonbeiträgen der letzten zwei Jahre. Immer deutlicher war aber auch das Unbehagen darüber zu spüren, daß dieses Scheitern und die Befriedigung über den „Bankrott der Ideologien" ein noch viel tiefer reichendes Scheitern überdeckt, in das wir alle mit hineingezogen sind: das Scheitern der westlichen Aufklärungs- und Vernunftzivilisation, der „Rationalität" unseres Umgangs mit der Natur, mit den Bedürfnissen, den Schwächen, der Sehnsucht der Menschen. Manches spricht dafür, daß das Projekt Aufklärung am Ende ist, daß es *so* nicht weitergehen kann und weitergehen wird.

Ist nicht auch die Geschichte des Christentums an ihrem Ende angelangt? In Europa – im „christlichen Abendland" – breitet sich die Ratlosigkeit darüber aus, ob und wie es mit dem Christentum und mit der Kirche weitergehen soll. Religiöse Großveranstaltungen wie z. B. Papstreisen sind immer noch ein „Publikumserfolg" und ein Medienereignis. Aber es stellt sich auch hier viel Routine und Leerlauf ein: Man kennt das alles schon zu gut. Und die Erfahrung greift um sich, daß all das die Uhr auch nicht mehr aufhält, die anzuzeigen scheint, daß die Zeit des Christentums abgelaufen ist.

Bringt es da nicht mehr, sich gleich auf die vermeintlich großen Alternativen zu besinnen – dem Übel an die Wurzel zu gehen – und sich den Erfolg der Fundamentalismen in den anderen Religionen zum Vorbild zu nehmen? Die Versuchung ist stark, und sie läßt viele erschauern: Erleben wir da nicht ein letztes, blindes, zu allem entschlossenes und doch abgründig hilfloses Aufbäumen?

Man kann es auch ganz anders sehen. Da ist eine Kultur – die „abendländische" – alt geworden. Altgewordene Kulturen neigen nun einmal zur Ängstlichkeit und Weinerlichkeit – zur Depressivität. Man darf sich da nicht anstecken lassen. Man muß solches Betroffenheitsgetue als das durchschauen, was es im tiefsten ist: rückwärtsgewandte, vergangenheitsfixierte Depressionspflege von Leuten, die sich die Zukunft einfach nicht mehr zutrauen. Touch the future – so hält die Nachwuchsorganisation einer großen politischen Partei in ihren Wahlkampagnen dagegen: Verscheucht die Schatten der Depression, glaubt an die Zukunft und fordert sie heraus, glaubt daran, daß wir es schaffen werden! Geht denen nicht auf den Leim, die aus dem Scheitern, aus der Depression politisches Kapital schlagen – oder im buchstäblichen Sinn des Wortes Geld damit machen.
Gemeint und angegriffen sind hier neben den politischen Kontrahenten vor allem die Therapeuten (-innen) und die Berater (-innen), die – so gibt man im Brustton der Erfahrenen zu verstehen – noch jeden Klienten zum Scheiternden gemacht haben, weil sie nur so an ihm verdienen oder ihre Existenzberechtigung nachweisen können. Auch wenn man den Affekt gegen die Therapie – Kultur und – Subkultur nicht teilt, wird man nicht übersehen, daß therapeutisches Wissen und Therapieerfahrungen uns „empfindlicher" und sensibler gemacht haben für Scheitern und Niederlagen. Hinter vielen ärgerlichen, provokanten, demonstrativ selbstbewußten und kraftmeierischen Reaktionsweisen verbergen sich

Scheiternsgeschichten – nicht zugelassene, verdrängte, überspielte Scheiternsgeschichten. Und bei manchen anstößigen, als geradezu skandalös empfundenen Entwicklungen, für die man „früher" schnell die Schuldigen namhaft machen konnte, spricht man heute eher vom Scheitern aller Beteiligten, eben weil man mehr weiß über Verstrickung und fast schon schicksalhafte Prägungen, so daß einem die Schuldzuweisungen nicht mehr so schnell über die Lippen kommen. Die Ersetzung des Verschuldensprinzips durch das Zerrüttungsprinzip im staatlichen Scheidungsrecht ist dafür ein deutlicher Beleg.

Zu den Therapie-Erfahrungen gehört aber auch dies: die geradezu beglückende Erfahrung, daß angenommenes und – wenigstens in Ansätzen – „verstandenes" Scheitern frei macht, neue Wege öffnet, neue Lebensmöglichkeiten zugänglich macht. Und dies nicht zuletzt deshalb, weil es Abschied nehmen läßt von prekären Selbstbildern und fatalen Idealen, die das „Heil" immer nur in ganz bestimmter Richtung suchen und die Sackgasse nicht sehen ließen, in die man sich verrannt hatte.

Hat das nicht auch eine kirchliche, eine Glaubensdimension? Könnte nicht auch hier der Abschied von fragwürdigen Selbststilisierungen und irreführenden Idealen notwendig geworden sein – geradezu „überlebensnotwendig"? Und gehört nicht auch der Abschied von dem Vorurteil dazu, Gott, Glaube und Scheitern schlössen einander von vornherein aus? Scheiternsverliebtheit ist es nicht, die solche Fragen stellen läßt. Eher vielleicht die Hoffnung, die Sehnsucht, daß das Scheitern zur Chance, zur Gnade werden möge – in einer Zeit der gnadenlosen Erfolge und der gnadenlos Erfolgreichen. Solange der Mensch leidet, kann er es zu etwas bringen – hat Sigmund Freud einmal geschrieben. Solange der Mensch die Gefahr und die Gnade des Scheiterns nicht überspielt, ist er nicht verloren. Wenn es so wäre, müßten wir umdenken, hätten wir sie noch vor uns: die Metanoia. Oder müssen wir nur die Augen aufmachen, um zu sehen und zu spüren, daß wir mittendrin sind in einer ziemlich folgenreichen Metanoia? Daß bei dieser Metanoia Gott, der Mensch, die Welt, die Kirche miteinander und oft genug unentwirrbar ineinander zum Thema werden, wen wundert's! Daß Gott, der Mensch, die Welt, die Kirche aber gerade beim Thema „Scheitern“ besonders eng, geradezu dramatisch, zusammengehören und zueinander kommen, das könnte uns schon zu denken geben.

Kann Gott scheitern?

Schon diese Frage mag befremden, vielleicht sogar schockieren. Sie klingt dumm und gottlos. Denken wir doch wie selbstverständlich, wenn wir Gott sagen – sei es zustimmend im Glauben oder ablehnend im atheistischen Protest –, an eine alles bestimmende Wirklichkeit, die umfassend einflußreich ist und bei der alle Fäden zusammenlaufen. Nicht zufällig steht im christlichen Credo das Bekenntnis zum allmächtigen Gott, nicht zum ohnmächtigen! Wenn überhaupt jemand – so unterstellen wir wie selbstverständlich – nicht scheitern kann, dann ist es Gott. Ganz im Gegensatz zu uns! Kann Gott scheitern? Wer so fragt, scheint keine Ahnung zu haben. Schlimmer noch: Er will Gott zum Komplizen menschlicher Not machen, ihn gleichsam hereinziehen in menschliche Situationen des Scheiterns – und schließlich würde aus dem, der da Gott hieß, am Ende nur einer von uns, nicht einflußreicher und nicht ohnmächtiger als jedermann und jedefrau. Umgekehrt freilich: Wenn Gott vom Leiden nicht innerlichst betroffen wäre, wenn er das Elend des Scheiterns nicht kennen würde, wie könnte er dann wirklich erlösend und heilend begegnen? Würden ihn die menschlichen Niederlagen innerlich kalt lassen, bliebe er letztlich unberührt und abgeschottet, wie könnte er dann wirklich Gott, unser Gott sein? Allerdings: Muß man, um Scheiternden beizustehen, selbst gescheitert sein? Kann nur der mitleiden und hindurchführen, der selbst gelitten hat? Muß krank gewesen sein, wer heilen will? Wäre also Gott fern den menschlichen Leidensgeschichten, so wäre er unglaubwürdig und ohne wirkliche Rührung; ginge es ihm aber „nur" so wie allen Menschen, dann ginge er im Allzumenschlichen unter. Er stünde uns nicht mehr wohltuend gegenüber, stünde nicht drüber, könnte nicht heilen und erlösen.

Alles entscheidend also: Wen meinen wir eigentlich, wenn wir Gott sagen? Von welchem Gott ist die Rede? Die Welt ist ja voller Götter, und in uns leben die unterschiedlichsten Gottesbilder. Auch die Auffassungen vom geglückten Menschsein sind sehr unterschiedlich, und auch hier gilt es zu wählen! Von welchem Gott also soll die Rede sein, wenn es um das Scheitern und seine Bewältigung geht? Um darauf eine Antwort zu finden, ist es wohl gut, wenn wir uns zunächst die ganze Wucht möglichen Scheiterns und wirklicher Niederlagen vor Augen führen. Das große Wort vom Scheitern wird da konkret in so vielen einzelnen Lebenssituationen, in so unterschiedlichen gesellschaftlichen Verhältnissen. Dann sei gefragt, wie wir Menschen mit Niederlagen gewöhnlich umgehen, welche Lebens- und Überlebensstrategien wir anwenden. Erst dann wird unsere Frage wirklich zugespitzt sein, und wir können nach der Tragweite des christlichen Gottesglaubens fragen und Konsequenzen ziehen.

Brucherfahrungen

Abgebrochene Beziehungen, nicht geglückte Projekte, nicht ausgereifte Lebensphasen, nicht gestaltete Abschiede: Was bisher trug und Halt gab, kracht förmlich in sich zusammen. Dann öffnen sich Abgründe; Ratlosigkeit macht sich breit bis zum Schock, man weiß weder ein noch aus, man ist „aufgeschmissen", ausweglos, vor

dem Nichts. Wer die Arbeit verliert, wird etwas Derartiges erleben; wer über kurz oder lang keine Arbeit findet, gerät ins Abseits. Alles droht sinnlos zu werden, man fühlt sich gebrandmarkt und stigmatisiert. Der berühmte Knick in der beruflichen Karriere kann lebenslang schmerzen; wer auf die hinteren Plätze zurückfällt, auf den letzten gar, sieht sich gedemütigt: Der letzte Mensch!
Schon das Wort verrät es: Scheitern wie ein Holz-Scheit! Etwas wird zerkleinert, es bricht auseinander, es splittert. Sprichwörtlich ist die Redewendung vom Schiffbruch, den wir erleiden. Da haben wir jahrelang geplant – für eine Anschaffung zum Beispiel –, und dann wird's nichts. Zielstrebig haben wir für das eigene Fortkommen gearbeitet, und nun geht's nicht weiter. Wir wissen nicht mehr ein noch aus, wir sind am Ende. Das Lebensschiff schlingert, die Steuerungsinstrumente funktionieren nicht mehr, kein Kapitän mehr an Deck, keine Rettung in Sicht, auf Grund gelaufen, auf Klippen geraten, saufen wir ab. Auch das Wort von der verkrachten Existenz ist solch ein genaues Wortbild: Was bisher den Lebensraum bestimmt, was Orientierung gab und Verläßlichkeit, ist nun völlig in Frage gestellt, gestört oder gar völlig kaputt. Eine Existenz, die wir uns aufbauen, soll doch gefügt sein und geräumig wie eine schöne Wohnung. Und dann kracht alles zusammen! Wir fallen aus den gewohnten Ordnungen heraus, wir geraten an den Rand – wortwörtlich zum Verrückt-werden! Gewiß: Es muß nicht immer gleich eine totale Niederlage sein, aber eine schmerzlich einschneidende Unterbrechung, ja eine Brucherfahrung ist es immer – und noch in der kleinsten Enttäuschung zittert etwas nach von dem Wissen, daß alles scheitern kann und nichts ganz verläßlich ist. Scheitern, mag es noch so schuldhaft sein, wird immer wie ein Schlag von draußen erlebt – wie ein Schicksalsschlag, alle Erwartungen und Gewohnheiten durchkreuzend.

Nichts ist seliger als eine geglückte Beziehung, als

Freundschaft und Liebe. Auch hier liegen natürlich Licht und Schatten stets beieinander, und doch: Wo immer Liebe glückt, sind Wachstumskrisen und auch Einbrüche des Vertrauens, „kleine“ Erfahrungen des Scheiterns also, aufgehoben in der Verheißung, daß es gesegnet ist und glückt für immer. Wir leben davon, von anderen angenommen und bejaht zu sein. Darauf liebend zu reagieren und gemeinsam eine Geschichte zu gestalten – in der Ehe zum Beispiel, in der Familie –, gehört zum Kostbarsten. Um so fürchterlicher sind Trennungs- und Scheidungsgeschichten – stets ein Scheitern. Ob der Tod einen geliebten Menschen hinwegrafft und Leere hinterläßt, ob eine Beziehung auseinandergeht und schließlich gar zum scharfen Schnitt des Abschieds führt – wohl nirgends wird Scheitern hautnäher, bitterer und verletzender erlebt als in Beziehungen! Alles ist dann wie abgestorben, man gerät in einen ganzen Dschungel verwirrender Gefühle – zwischen Trauer und Wut, zwischen Rache und Angst, hilflos sich und allem ausgeliefert, wie verloren. Wieviel Vertrauensarbeit, wieviel Geduld und Tapferkeit sind notwendig, um geschlagene Wunden wenigstens vernarben zu lassen und zu neuem Leben zu kommen!

Wenn denn unser aller Sehnsucht darauf zielt, daß wir einen Namen haben, eine unverwechselbare Biographie, einen Platz also im Leben und eine eigene Zukunft, dann ist Scheitern im ganzen und im einzelnen das genaue Gegenteil: Wir geraten ins Namenlose, ohne Perspektive, ohne Zuversicht und Zukunft, mit uns allein, auf den Nullpunkt zurückgeworfen.

Immer sind einzelne Menschen betroffen, auch in größeren Zusammenhängen, in gesellschaftlichen Verhältnissen. Wir sprechen vom Konkurs eines Unternehmens, von wirtschaftlichen Niederlagen und finanziellen Pleiten. Gesellschaftliche Gruppen können scheitern, Parteien können sich auflösen. Vom Zusammenbruch des Nationalsozialismus ist die Rede, des Sozialismus jetzt, des real existierenden jedenfalls. Wir müssen sprechen von der Möglichkeit des atomaren Holocaust. Keinen Augenblick seien die ökologischen Katastrophen vergessen: der Todeskampf pestverschmierter, zerzauster Vögel, das tägliche Sterben von Pflanzen und Tierarten – woran sind die Schmetterlinge gescheitert? –, die absterbenden Bäume, die Störung der Atmosphäre. Vom ökologischen Kollaps ist die Rede. Bedrängend ist das Faktum, daß die Kluft zwischen arm und reich immer größer wird. Scheitern zwei Drittel der Menschheit? Scheitert da nicht das letzte Drittel auch? Ist gar das ganze Projekt der Moderne gescheitert? Gesellschaftliche Zusammenhänge können gesprengt werden, natürliche auch – und nicht zum Guten.

Die Wucht des Scheiterns trifft den einzelnen, sie kann Familien zerreißen. Immer schlagen soziale, kollektive Niederlagen durch. Wer 1945 noch erlebt hat, weiß es. Immer ist dann die Frage, wie es noch weitergeht, wenn es weitergeht. Immer ist die Frage, was noch zu machen ist. Schwer ist schon der erste notwendige Schritt: Die Analyse der Ursachen, die Anamnese des Unfalls, das Betasten der Wunde.

Wie hart Scheitern erlebt wird, hängt wesentlich auch von der Umwelt ab, vom gesellschaftlichen Klima. Gilt hier im Grunde nur einer, der Siegertyp? Wird nicht ständig ein Menschenbild transportiert, das Scheitern als wirkliche menschliche Möglichkeit gar nicht zuläßt? Natürlich sind Niederlagen immer schrecklich, und schon in der Evolution des Lebendigen sind angeschlagene oder kranke Lebewesen für das Rudel, für den ökologischen Gesamtverband, verdächtig und belastend, oft genug ausgesetzt und ausgestoßen. Wo freilich gesellschaftlich alles aufs Machen und auf die Macht angelegt ist, müssen Situationen vollends irritierend, ja absolut tödlich sein, in denen nichts mehr zu machen ist. Wo man überall auf Fortschritt setzt, sind Rückschritte schlechterdings abschreckend! Obwohl es kaum einer direkt und offen zugeben mag, unbewußt und im Verborgenen wirkt es mächtig: dieses Bild vom Menschen, der eigentlich nur erfolgreich, gesund, vital und gleichsam im vollen Saft als wahrer Mensch gilt. Schon Behinderte haben es schwer, anerkannt zu werden. Daß Sucht eine wirkliche Krankheit ist, wird von den wenigsten akzeptiert. Wer länger arbeitslos sein muß, gilt wie selbstverständlich als Faulenzer. Für den wirklichen, den „normalen", also fiten und erfolgreichen Menschen sind Erfahrungen des Scheiterns nicht vorgesehen. Wer trotzdem scheitert, ist out. Er ist im Grunde kein wirklicher Mensch mehr, ein Nullsummenmensch, ein Wrack – mit angeschlagenem Selbstbewußtsein, mit verlorenem Sozialprestige, der Nichtstuer, der Ohnmacher schlechthin, der Sündenbock.

Entsprechend brutal werden dann Zusammenbrüche erlebt und beurteilt. Man kann selbst durch das soziale Netz fallen, und der Fahrstuhl der Anerkennung rast bis in den Keller, bis in den Abgrund. Natürlich soll keinen Augenblick vergessen sein, welch große soziale Leistungen in unserer Gesellschaft erarbeitet wurden. Es gibt Systeme der Vor- und Nachsorge, es gibt Beratungsstellen und Hilfen vielfältiger Art. Entscheidend ist aber doch das maßgebende Menschenbild, wie es über die Bildschirme der Medien kommt und auf den Projektionsflächen der eigenen Vorstellung erscheint. Wird, das ist die entscheidende Frage, von vornherein beim Projekt Menschwerdung auch mit Scheitern gerechnet, werden Niederlagen von vornherein als menschlich miteinkalkuliert und zugelassen oder gelten sie doch nur als Betriebsunfall, als Schicksalsschlag, als etwas, das eigentlich nicht sein dürfte? Wird wie selbstverständlich unterstellt, daß jede Niederlage im Grunde doch selbst verschuldet ist? „Das geschieht ihm ganz recht" – und wir anderen, wir unheilbar Gesunden, wir fürchterlich Erfolgreichen sind aus dem Schneider! Offenkundig: Die Frage nach dem Scheitern und seiner Bewältigung konfrontiert mit dem Problem, ob und wie wir unsere Grenzen akzeptieren, die Grenzen des Wachstums und der Geschichte, die Endlichkeit und den Tod. Es ist die

Frage, welchen Entwurf vom wahren Menschen wir haben. Wie sieht das Hoffnungsbild des geglückten Menschen aus?

Angst und Macht

Elementar ist die Angst vor dem Scheitern. Niemand erleidet gern eine Niederlage. Mit allem Lebendigen haben wir Menschen, angereichert durch eine jahrhunderttausendlange Evolutionsgeschichte, die Witterung dafür gemeinsam, wie lebenseinschränkend und lebensgefährlich Verletzungen und Niederlagen sind. Sind freilich die Tiere instinktgesichert – kein Wolf wird im Normalfall einen anderen töten, sondern dessen Demutsgeste respektieren –, so ist diese Angst, nicht zu überleben oder zu kurz zu kommen, bei uns Menschen förmlich frei flottierend. Sie muß individuell und sozial gebändigt und gestaltet werden. Es ist ein Zeichen von Gesundheit, diese Angst vor Scheitern und Niederlagen als Lebenssignal ernst zu nehmen und gerade nicht zu verharmlosen oder zu verdrängen. Wer Niederlagen förmlich suchen und wollen würde, wäre krank – und diese Art Masochismus, ein unbewußter jedenfalls, ist weiter verbreitet, als wir denken. Es scheint, als seien bestimmte Menschen, durch Erziehung und Prägung, förmlich zu Verlierertypen programmiert, während andere als Gewinnertypen und Alpha-Figuren durch das Leben gehen. Die einen bewältigen die kreatürliche Angst vor Niederlagen durch schöpferische, durchaus auch machtvolle und potente Gestaltung; andere erliegen ihr.

Bei Licht besehen freilich sind die Verhältnisse verwirrend vielfältig: Nicht zugelassene Angst kann z. B. gerade dazu führen, daß wir uns fixieren wie die Maus auf die Schlange und just das selbst mitproduzieren, was wir am meisten fürchten: das Scheitern einer Beziehung, eines Lebensprojektes, einer Arbeitsinitiative. Anderseits kann nicht zugelassene Angst in einer Art Trotzreaktion zu gewaltsamer Machtansammlung führen, zur Unterdrückung anderer, zur geradezu panischen Selbstbehauptung auf Kosten anderer. Auch hier ist in Wahrheit die nicht zugelassene Angst der Motor, mit dem dann ein solcher Mensch freilich nicht sich selbst, sondern lieber andere belastet, unterdrückt und im schlimmsten Falle auch zerstört. In vielen Beziehungs-, Trennungs- bzw. Fixierungsgeschichten spielt sich dieses Drama zwischen Angst und Gewalt ab. Nicht zufällig sprechen wir z. B. vom Geschlechterkampf oder vom Krieg der Generationen. Und immer ist die Gefahr, daß ein Teil auf der Strecke bleibt.

Spätestens hier entscheidet sich, wie ein Mensch und wie Menschen miteinander mit Niederlagen umgehen. Ob sie sie schöpferisch verarbeiten können oder definitiv festschreiben, einander zuschreiben, ist entscheidend für die Kontinuität der einzelnen Biographie und auch für die Balance eines Beziehungsgefüges, ja des Gemeinwesens insgesamt.

Dabei ist auch dies wichtig: Macht ist in sich keineswegs schlecht, sondern höchst ambivalent. Wir können sie zur Unterdrückung unserer selbst und anderer ausnützen, wir können sie gegen uns selbst oder andere richten, z. B. angstgetrieben und letztlich zerstörerisch. Aber es gibt genauso eine Macht zum Guten, eine schöpferische Potenz in der Gestaltung des eigenen Lebens, in der Bewältigung und Integration der Ängste, in der Gestaltung des individuellen und sozialen Lebens. Solche Macht zeigt sich vielleicht am stärksten in der Stunde der Niederlage selbst – in der Art nämlich, wie Menschen damit fertig werden, wie sie sie in einen neuen Sinn- und Hoffnungshorizont einzufügen vermögen.

Wer scheitert, erfährt sich hilflos, einer Macht ausgeliefert, die ihm zum Schicksal wird. Nicht jede Art von Macht ist destruktive, zum Scheitern verurteilende Macht; davon war eben die Rede. Es gibt sie ja auch: die „guten Mächte“, von denen ich „treu und still umgeben“ bin, „behütet und getröstet wunderbar“ (so Dietrich Bonhoeffer im Gefängnis zu Silvester 1944, wenige Wochen vor seinem Tod). Es gibt sie: die guten, hilfreichen und heilenden Mächte, die mir wieder aufhelfen, wenn ich „niedergeschlagen“ bin; die mir beistehen, wenn Finsternis und Kälte nach mir greifen; die guten Mächte, die mir Selbst- und Gottvertrauen geben und mich herausfordern, „mehr“ zu sein, „weiter“ zu gehen, Neues zu wagen. Aber es gibt sie – Gott sei's geklagt – eben auch: die bösen Mächte, die mir zum schlimmen Schicksal werden, mein Leben, meine Vorhaben rücksichtslos zertreten – die Blumen, die ich gepflanzt habe, die Freude, die ich erfahre und schenke, das Glück, an dem ich etwas davon erspüre, wie Gott mich gemeint hat.

Der (Militär-)Stiefel, der „dröhnend daherstampft“ (Jes 9,4) – er ist das schreckliche Symbol einer Rücksichtslosigkeit, die in meinem – in unserem – Leben niederwalzt, was wachsen, sich entfalten und blühen wollte (da sind die Turnschuhe schon sympathischer, mit denen manche auf leisen Sohlen in unser Leben eintreten). Die böse Macht der Rücksichtslosigkeit, die Macht, die *scheitern läßt,* scheitern macht, sie kommt nicht immer so grausam-spektakulär über unser Leben. Gelegentlich tarnt sie sich gar mit nichtssagender Freundlichkeit, ja mit Fürsorglichkeit. Erkennbar ist sie in all ihren Verkleidungen daran, daß sie „über mich hinweggeht“, daß sie mich (uns) ignoriert – auch wo sie sich in den Gestus des Zuhörens kleidet; daß ich nicht ankommen kann bei denen, die von ihr besessen sind; daß ich sie nicht dazu bewegen kann, auf mich einzugehen, auch wenn sie sehr um mich besorgt scheinen. Die Macht, die scheitern läßt, ist ihrem Wesen nach *unzugänglich* – man kann sie nicht erreichen. Man kann nicht „umgehen“ mit ihr; sie geht mit uns um wie mit einer Sache, über die man nach eigenem Gutdünken verfügt.

Dem Unzugänglichen bin ich ausgeliefert; er (sie) macht sich mir zum Schicksal, bestimmt von sich aus über mein Wohl und Wehe. Er (sie) läßt mich „auflaufen“ – die Schiffahrtsmetaphern begleiten die Scheiternsthematik von Anfang bis Ende. Es kann (und wird) einer Partnerschaft oder Weggefährtenschaft zum Schicksal werden, wenn einer den andern nicht mehr erreichen kann, wenn einer für den andern unzugänglich geworden ist. Diese „Entfremdung“ kann viele Formen annehmen; die andern – die Schicksalsmacher – können mir in vielfältiger Weise zu verstehen geben, daß es auf mich nicht ankommt; daß sie sich von mir nicht betreffen und in Frage stellen, sondern allenfalls bestätigen lassen wollen.

Beziehungen scheitern, wo man füreinander in diesem Sinne unzugänglich wird, wo eine(r) für den anderen „absolut“, geradezu zum „ Gott“ werden will. Da weiß einer immer schon, daß das nur übel ausgehen kann, was ich da versuche. Da hat einer immer schon recht – gegen mich. Und ich bin seinem Rechthaben hilflos ausgeliefert; ich verstricke mich in den zum Scheitern verurteilten Versuch, ihm zu beweisen, daß er nicht recht hat. Ich lasse mich gefangennehmen vom bloßen Reagieren, vom Machtkampf mit dem Rechthaber. So bin ich von vornherein dazu verurteilt, das „gewünschte“ schlechte Beispiel – das Beispiel eines Scheiternden – abzugeben. Wenn es dann zum Scheitern kommt, kann man (und frau) nicht scheitern, weil ich mich über meine Niederlage hinaus dagegen wehren muß, dem Rechthaber Recht zu geben. Es bleibt nur das endlose Hadern, heilloses Scheitern; ein Scheitern, von dem die anderen sich bestätigt wissen dürfen.

Wie Sisyphus?

Daß die anderen mich scheitern lassen, daß ich andere scheitern lasse, das ist leider kein Einzelfall. Daß wir einander scheitern helfen, das kommt schon seltener vor. Aber muß nicht doch im Grunde jeder selbst damit zurechtkommen und das Scheitern bewältigen? Ist das „Scheiternkönnen“ nicht geradezu die Reifeprüfung des menschlichen Lebens, weil das Scheiternmüssen die Urbedingung des Menschseins ist?

Der Mythos hat an der Gestalt des Sisyphus dieses Scheitern dramatisiert, das zum Menschsein gehört und es gerade da besonders unbarmherzig heimsucht, wo man sich gegen die „conditio humana" – gegen „die Götter" – auflehnt. Nicht nur *Albert Camus* hat sich von dieser Dramatik faszinieren lassen. In unseren Tagen – am Ende der „Moderne" – hat *Stephan Lackner* den Mythos weitergedacht und weiterfabuliert: Die Strafe der Götter war ja die Nutzlosigkeit der Anstrengung. Geradezu zwanghaft rollt Sisyphus „seinen" Felsbrocken den Abhang hinauf; und er poltert doch immer wieder nur zu Tal, ohne daß mit dem Hinaufwuchten auch nur das Geringste ausgerichtet wäre. Die perfide Phantasie der Götter hat sich offenkundig die hinterhältigste Strafe ausgedacht, die den Aufrührer treffen konnte. Aber – so phantasiert Stephan Lackner den Mythos weiter – die Götter hatten nicht damit gerechnet, daß der Stein sich im Lauf der Jahrtausende abnutzen und abschleifen würde. Die scharfen Kanten, die Unregelmäßigkeiten glichen sich aus, so daß das mühselige Schieben mit der Zeit zum stets leichteren Rollen wurde. In den folgenden Jahrtausenden wurde der Fels immer kleiner; das Tal, in das er immer wieder von neuem hinabrollte, füllte sich auf; die Bergkuppe ebnete sich ein. Schließlich war vom Felsbrocken nur noch ein Kieselstein übriggeblieben.

Neulich – so Lackners Pointe – „kam Sisyphus auf den Einfall, den Kiesel in die Tasche zu stecken, wo er ihn mit seinen Kreditkarten, mit seinen Happypillen und Beruhigungsmitteln zusammen trug. Jetzt fährt er im Lift morgens in den achtundzwanzigsten Stock des Bürogebäudes, das auf der Strafstätte errichtet wurde, um abends wieder hinunterzufahren."

Das Scheitern – die Strafe der Götter –, es hat sich entdramatisiert mit der Zeit. Der Felsbrocken ist als Kieselstein kaum noch eine Last. Man kann die Vergeblichkeit des Lebens gleichsam in die Tasche stecken. Dort fällt sie neben Betäubungsmitteln und Scheckheft nicht weiter auf. Aber am leeren Kreislauf hat sich nichts geändert. Der Kreis, der unablässig in sich selbst zurückläuft, hat nun vielleicht einen größeren Radius; er ist unübersichtlicher geworden, nur noch mit dem Fahrstuhl zu durchmessen. Aber ein Ausbrechen ist so unmöglich wie eh und je. Das leere Kreisen blieb Ursymbol einer Vergeblichkeit, einer zum Scheitern verurteilten Existenz, die allenfalls im Scheitern zu sich – zu Gott? – gelangen kann.

Das Pathos der zum Scheitern verurteilten, der „Sinnlosigkeit" überantworteten Existenz kennzeichnete die Existenzphilosophie der ersten Jahrhunderthälfte. *Karl Jaspers* etwa sagt es deutlich und eindrucksvoll: „Das Scheitern ist das Letzte." In ihm taucht die Möglichkeit des absoluten Nichts, der Nichtigkeit und Haltlosigkeit allen Seins auf. Aber gerade so ist das Scheitern – nach Jaspers – die letzte und entscheidende Herausforderung des Menschen, „wo ich entweder verzweifelnd mir bewußt werde, gar nicht zu sein, oder eines ursprünglicheren Seins inne werde". In der Annahme der Grenze kann sich dieses Sein zeigen (K. Jaspers, Philosophie, Berlin 1932, Bd. 2, 42f., 180; Bd. 3, 220ff).

Begegnet an dieser Grenze, wo der Mensch seines Lebens nicht mehr mächtig ist, wo Selbstbehauptung und Selbstrechtfertigung scheitern, nicht Gott selbst dem scheiternden Menschen? Begegnet er ihm nicht gerade im Scheitern, so daß man sagen kann, das Scheitern sei geradezu ein „Kairos", ein Gnadenaugenblick und Gnadenangebot? Ja, ist es nicht Gott selbst, der uns scheitern läßt, *damit* wir – die Scheiternden – ihn als die gute Macht des Seins erfahren können, die uns im Scheitern rettet?

Theologie und Verkündigung haben Gott und das Scheitern immer wieder *so* zusammengebracht: Gott läßt uns scheitern, damit das Gefüge unserer Absicherungen und Selbstrechtfertigungsideologien zusammenbricht, damit wir auf uns selbst – auf unsere Nichtigkeit – zurückgeworfen werden. Er wirft uns zu Boden, um uns aus dem Nichts zu neuem Leben zu erwecken – so kann etwa Wilhelm Herrmann sagen, ein berühmter evangelischer Theologe der Jahrhundertwende, Lehrer von Rudolf Bultmann und Karl Barth. Aber man hat ja in der Geschichte der Christenheit Gott und das Scheitern noch weit handfester und massiver zusammengebracht: Es ist Gottes Wille, daß der Mensch scheitert, daß er im Scheitern geläutert, erzogen und bestraft wird. Gott läßt die Menschen scheitern, damit sie sich ihm nicht entziehen, sich nicht etwa in den sinnlichen Freuden des Lebens verlieren. Ist – wie Augustinus predigt – die Welt des Bösen und des Scheiterns etwa deshalb so übervoll, „damit man die Welt nicht liebe", in ihr nicht sich einrichte, sondern unterwegs sei zur himmlischen Heimat (Predigt 80, 8; Bibliothek der Kirchenväter, Bd. 1, München 1963, 596 f)? Und spricht nicht auch die Bibel selbst immer wieder von den Züchtigungen des himmlischen Vaters, in denen die Glaubenden die harte, aber von der Liebe geführte Hand des göttlichen Erziehers am Werk sehen sollen (vgl. etwa Hebr 12, 5–9 mit Bezugnahme auf Spr 3, 11 f); des Erziehers, der sie mit seiner vorausschauenden Klugheit strafend auf den rechten Weg zurückbringen oder auf Herz und Nieren prüfen will? Gewiß soll hier den Leidenden und Scheiternden vor allem Trost zugesprochen werden: Sie dürfen die Gewißheit haben, daß die Leiden dieser Welt nicht Anzeichen ihrer Gottverlassenheit, sondern gerade Zeugnis für Gottes hilfreiche Anwesenheit, für sein Handeln an ihnen sind (vgl. etwa 1 Petr 4, 12). Aber es ist darüber hinaus unter Christen weithin selbstverständlich gewesen, fast unterschiedslos Leid und Scheitern auf Gottes leidschaffenden Willen zurückzuführen, Gott auf seiten derer mitwirken zu sehen, die Leid verursachen und *scheitern lassen*. So hat sich der christliche Glaube seit dem 19. Jahrhundert die wütende Rückfrage gefallen lassen müssen, ob er es denn darauf anlege, alles Leid in dieser Welt als gottgewollt zu rechtfertigen. Diese

Rückfrage, die ja ins Zentrum des Gottesglaubens trifft, ist nicht immer genügend ernst genommen worden.

Gegen die Theologisierung des Scheiterns

Daß Gott auf seiten der Scheiternden zu finden ist, daß er nicht gemeinsame Sache macht mit denen, die andere leiden und scheitern lassen; daß seine schöpferische und aufrichtende Allmacht gerade denen zugute kommt und zum Heil wird, die scheiternd ihre Ohnmacht erfahren müssen, daß sie nicht denen geliehen ist, die sich im Scheitern der anderen ihre eigene Absolutheit bestätigen: dafür steht Gottes (des Vaters) Identifikation mit dem scheiternden eingeborenen Sohn, den er im Heiligen Geist den Menschen als „Abglanz seiner Herrlichkeit" und vollkommenes Abbild *seines* Wesens vor Augen stellt (vgl. Hebr 1,1–3 a). Dafür stehen die Seligpreisungen, die denen das Heil – die Gottesgemeinschaft – zusprechen, die man hat scheitern lassen. Dafür steht die Gerichtsrede des endzeitlichen Menschensohn-Richters, der sich selbst mit den Gescheiterten identifiziert und die Solidarität mit ihnen zum Kriterium seines Urteils macht (Mt 25,31 ff).

Heißt das nicht, daß Verkündigung und Theologie Gott – statt mit der Macht, die scheitern läßt – mit der Ohnmacht der Scheiternden, aber auch mit ihrem Recht auf Leben, mit ihrer Sehnsucht nach Solidarität und Liebe zusammenbringen darf und zusammennennen muß? Was das Scheitern in sich „ist", das sollten Philosophen und Theologen nicht aus bequemer Entfernung ontologisch oder theologisch deuten und bestimmen. Das Recht, ihr Scheitern als bedeutsam oder sinnlos zu erleben, das kommt allein den Scheiternden selbst zu. Die Ontologisierung oder Theologisierung des Scheiterns landet zu schnell bei der Auskunft, daß das Scheitern – und dann auch dieses konkrete Scheitern – sein *muß,* da es den Menschen zu sich selbst – zur Besinnung, zur Einsicht – bringt. So entzieht man sich leicht der Frage, was (wer) die Menschen im konkreten Fall zum Scheitern bringt und wie die Natur des Menschen – sein Lebensrecht – in diesem Scheitern vergewaltigt wird.

Gott *und* das Scheitern des Menschen: sie sind zusammen zu nennen, zusammenzuhalten; aber das Scheitern ist nicht theologisch (ontologisch) aus Gott abzuleiten oder auf ihn zurückzuführen. Das „und“ markiert eine schmerzliche Spannung – nicht auch für Gott? Jedenfalls für die an einen zugänglichen, menschlichen Gott zu glauben Versuchenden. Diese Spannung kommt in der philosophischen wie in der konkret-existentiellen Theodizeeklage zum Ausbruch. Theologen und Prediger sollten ihr den Mund nicht verbieten. Die Theodizeeklage hält ratlos, klagend, fragend zusammen, was nicht „zusammenpaßt“: den menschlichen, zugänglichen Gott als die alles bestimmende Wirklichkeit und eine von Unmenschlichkeit bestimmte Realität. Sie bringt Gott zur Sprache in diese unerträgliche Spannung hinein, als den, der sich mit dieser Spannung nicht abfindet; als den, der uns und sich selbst gleichwohl dieser Spannung aussetzt. Sind wir bereit, sind wir genötigt, bereit uns nötigen zu lassen, so von Gott zu sprechen, vom scheiternden Gott zu sprechen?

Scheitern und Glauben: auch hier ein spannungsvolles „und“; eine Spannung, die kaum auszuhalten ist und von den Glaubenden oft nicht ausgehalten wird, so als sei es mit dem Glauben unvereinbar, zu scheitern, als sei man im Glauben über das Scheitern hinausgekommen; so als sei man in der Gemeinschaft mit einem scheiternsunfähigen Gott selbst scheiternsunfähig geworden. Es gilt, dieser Scheiternsverdrängung zu widersprechen, Glauben und Scheitern zusammenzuhalten, Gott und Mensch zusammenzusehen als die gemeinsam vom Scheitern Betroffenen.

Reaktionsweisen

Halten wir zunächst einen Augenblick inne und schauen wir zurück auf das eben Bedachte. Wir haben uns verschiedene Phänomene des Scheiterns und unterschiedliche Weisen seines Erlebens in Erinnerung gerufen. Wie vielfältig die Situationen des Scheiterns auch sind, gemeinsam haben sie dies:

1. Was jeweils als Scheitern erlebt wird, hängt wesentlich vom mitwandernden Erwartungs- und Hoffnungshorizont ab, also von der inneren und äußeren Hierarchie der Erlebniswerte und den ihnen entsprechenden Erwartungserwartungen.

2. Immer handelt es sich beim Scheitern um einen Einbruch von außen, um eine Überwältigung, ein blitzartiges Widerfahrnis. „Es hat ihn oder sie getroffen!" Mag es sich lange schon in der Tiefe des Menschen, in der Geschichte einer Gruppe oder Familie angekündigt haben, immer schlägt es wie der Blitz ein, abrupt und bis zuletzt nicht vorstellbar.

3. Zum Scheitern gehört – im Unterschied zur Krise – wohl immer das Gefühl, keine Alternativen und Chancen mehr zu haben, keine Auswege mehr zu sehen. Alles wirkt wie unerbittlich verstellt, schlechterdings alternativlos, endgültig und wie vernagelt. Krisen sind demgegenüber Situationen, die sich ebenso zum Guten wie zum Schlechten, zum Besseren wie zum Schlechteren entpuppen und gestalten lassen können. Reden wir vom Scheitern, so hat sich eine Krisensituation schon zum Negativen entfaltet oder entwickelt.

4. In den Biographien der Einzelnen wie in der Entwicklung von Gruppen oder Projekten ist der jeweilige soziale Kontext mitprägend für die Bestimmung der Situation. Was dem einen als Scheitern gilt, ist für den anderen ein alternativer, durchaus schöpferischer Lebensentwurf. Gesellschaftliche Außenseiter z. B. können von der Mehrheit als „gescheiterte Existenzen" empfunden und definiert werden, während diese selbst sich als die

„wahreren“ schöpferischen Menschen erleben und verstehen. Wer in einer Epoche als Verlierer gilt, ist ein Jahrzehnt später ein hellsichtiger Prophet und ein weitsichtiger Mensch. Wer in den sechziger Jahren auf ökologische Probleme hinwies, galt als hoffnungslos jenseitig; er (sie) prallte ab am common sense seiner Zeit, während er oder sie heute als Vordenker (-innen) erscheinen.

„Siegen ist immer viel einfacher als eine Niederlage hinnehmen zu können, sie zu verarbeiten und aus ihr einen produktiven Erfahrungsgewinn zu schöpfen. Auch Krankheiten und besonders Neurosen werden in der Regel als eine solche Niederlage erlebt.“ Was der Psychotherapeut *Hans Dieckmann* formuliert, ist uns allen zugänglich: Erfahrungen des Scheiterns werden gemieden, wo immer es geht, und Niederlagen sind schwer zu bewältigen. „Wehe den Besiegten“, so hieß es schon im alten Rom. Alle Kräfte werden mobilisiert, um aus dem Tief möglichst schnell wieder herauszukommen. Stark ist der Überlebenswille in allem, was (noch) lebt! Prinzipiell gibt es mindestens vier Strategien, um auf Niederlagen zu reagieren.

Da ist zum *einen* der Trick, sich mit den Siegern zu identifizieren, sich äußerlich wie innerlich auf ihre Seite zu schlagen. Wenn man selbst schon nicht siegen kann, wenn man auf die abschüssige Bahn gerät, dann will man wenigstens der Phantasie und Vorstellung nach zu ihnen gehören. Man ist dann, so redet man sich ein, längst auf ihrer Seite gewesen; man macht aus der Not eine Tugend, weil die Trauben des erfolgreichen Lebens zu hoch hängen. Man verleugnet die eigene Ohnmacht, indem man sich wendehälsisch an jenen orientiert, die das Sagen haben. Mitläufermentalität jedweder Art macht sich breit.

Eine *zweite Möglichkeit,* erlittenes Scheitern verdrängend zu überwinden, ist das um so krampfhaftere, angestrengtere Bemühen, die Schlappe durch besseres Verhalten wettzumachen. Man möchte es sich und anderen unbedingt beweisen, man setzt alles auf eine Karte, selbst dann, wenn man nur in einer Sackgasse voranläuft. Wie in einer Spirale fortschreitender Wiederholungen und Überanstrengungen verläuft man sich schließlich doch nur bis zum bitteren Ende. Jeder Wiederholungstäter, jeder Wiederholungszwang treibt weiter hinein in die Sackgasse (und dabei wäre Umkehr die einzige Rettung: Annahme der Niederlage und die Durcharbeitung ihrer Gründe!).

Eine *dritte Möglichkeit,* Scheitern und Niederlagen anscheinend zu überwinden, ist der vermeintlich aufgeklärte Realismus der Abgebrühten, hinter dem doch soviel Resignation und Bitterkeit stecken kann. „Es ist nun mal so, es ist nichts zu machen, lassen wir es so weiterlaufen“ – so drückt sich diese Haltung aus. „Was mich nicht kaputtmacht, macht mich stärker.“ Galgenhumor ist im Spiel, man hat sich vermeintlich abgefunden und schlüpft, mit der stolz geschwellten Brust des Aufgeklärten gar, in das Gewand der Niederlage.

Eine *vierte* ebenfalls fatale *Möglichkeit,* auf Katastrophen und Einbrüche zu reagieren, ist der Totstelltrick. Oder schlimmer noch: Man versucht an Symptomen herumzudoktern, kosmetische Veränderungen vorzunehmen und, nicht ohne Hektik, das eine oder andere Ersatzteil zu besorgen, obwohl die notwendige „Reparatur“ das Ganze beträfe. Nicht zu vergessen die Möglichkeiten, Blindekuh zu spielen und sich zum Beispiel durch Drogen, Ersatzbefriedigungen und Ersatzhandlungen von dem tödlichen Ernst der Situation zu entlasten.

Alle diese vier Reaktionsweisen widersprechen ebenso der menschlichen Vernunft wie dem christlichen Glauben, dem elementaren Lebens- und Überlebenswillen ebenso wie der Sehnsucht und den Träumen unseres Daseins. Denn Verdrängen hilft nicht, und jedes Beschönigen oder Gesundbeten einer Niederlage macht sie noch schlimmer. Gewiß: Niederlagen sollten überhaupt nicht sein. Aber: Wir alle müssen sterben, und wo Leben ist, da ist auch Wachstum; wo Wachstum ist, da sind auch Krisen; wo Krisen sind, da ist auch Risiko und Leiden; wo Leiden ist, da sind auch Niederlagen. An ihnen zeigt sich die Sterblichkeit, ohne die es hierzulande kein (sterbliches!) Leben gibt. All dies aber könnte gleichsam naturwüchsig in der entsprechenden Lebensbalance bleiben, zwischen Werden und Vergehen, zwischen Kommen und Gehen, im glücklichen Ich-Wir-Spiel. Aber dem ist nicht so: Unsere Abwehrmechanismen und Verdrängungskünste gegenüber den Wachstumsgesetzen des sterblichen Lebens sind trickreich und vielfältig.

Wie also dann standhalten, wenn die genannten Reaktionsweisen als ungenügend und unreif betrachtet werden? Wie selbst Katastrophen und Zusammenbrüchen noch einen Sinn abgewinnen? Vielleicht ist ja nichts fruchtbarer als eine wirklich bewältigte Niederlage; vielleicht macht nichts so einfühlsam und wissend wie das Durcharbeiten eigener Scheiternserfahrungen. Vielleicht hat tatsächlich nur der etwas verstanden, der gescheitert ist und dies bewältigen konnte. „Ein unverstandenes Leiden ist bekanntlich schwer zu ertragen; auf der anderen Seite ist es oft erstaunlich zu sehen, was ein Mensch aushalten kann, wenn er das Warum und Wofür versteht“ (C. G. Jung).

Scheitern zwischen den Geschlechtern und Generationen

Scheitern Frauen anders? Diese Frage, bewußt von uns Männern so gestellt, mag in unserem Zusammenhang doch überraschen. Allzu selbstverständlich ist, zumal in kirchlichen und theologischen Kreisen, die Rede bloß von „dem“ Menschen – vollends unter Absehung seiner alles prägenden geschlechtlichen Bestimmung. Wie aber wirkt sich diese konkret im Umgang mit Niederlagen aus? Theoretisch ist längst bekannt, daß etwa Scheidungen im Schnitt von Frauen – trotz aller Verletzung und Dramatik – doch bezeichnend „ leichter“ bewältigt und verarbeitet werden können als von Männern. Natürlich ist immer entscheidend, von wem eine Trennung ausgelöst wird, von wem letztendlich die Initiative ausgeht. Wer, oftmals gar schockartig überraschend, von der Entscheidung des Partners bzw. der Partnerin „passiv" getroffen wird, hat noch weit mehr zu kämpfen mit der Bewältigung der Situation, die stets für alle belastend ist. Dies alles vorausgesetzt und bedacht, bleibt doch das statistische Faktum, daß Männer signifikant mehr Zeit brauchen zur Bewältigung der Situation. Zu tief sitzt gerade bei ihnen die narzißtische Kränkung.

Offenkundig sind Frauen in unserer Lebenswelt – im statistischen Querschnitt jedenfalls – widerstandsfähiger, gefühlsstärker und „zäher" – zumal wenn es um schwierige Situationen geht. Sie scheinen insgesamt lebenskundiger in der Witterung für Krisen und in der Bewältigung von Niederlagen geblieben zu sein. Vor allem natürlich Mütter sind, zumal wenn es um ihre Kinder geht, von äußerster erfinderischer Kraft und voll von Überlebenswillen – wie etwa die Erfahrungen nach dem Zusammenbruch des Zweiten Weltkrieges vielfach gezeigt haben.

Nicht zuletzt aus der Ehe- und Erziehungsberatung ist bekannt, wie unterschiedlich also zwischen den Geschlechtern Krisen erlebt, Probleme bewältigt und Katastrophen durchlitten werden. Darin spiegelt sich natürlich der patriarchale Gesamtzusammenhang unseres Lebens: Männer finden ihre Identität primär durch Leistung und beruflichen Erfolg – oft genug um den Preis, daß ihre Fühlkraft und Beziehungsfähigkeit Schaden leidet oder unterentwickelt bleibt. Frauen sind schon von der frühkindlichen Erziehung her viel stärker bestimmt durch die Kraft, Beziehungen zu erleben, zu stiften und zu fördern; sie hören, wiederum plakativ gesprochen, die Stimmen ihres Körpers, die Botschaft ihres Leibes stärker, sind ihrer sinnlichen Anschauungskraft und Fühlkompetenz meistens sehr viel näher als Männer. Gewiß sind diese „Rollen" zwischen Mann und Frau heute vielfältig in Veränderung, aber für unser Thema ist es wichtig, so sensibel und genau wie möglich auf die jeweilige Erlebnisstruktur und Psychodynamik des Scheiterns sowie seiner Bewältigung zu achten – wie auch immer die Rollen in concreto sich gestalten oder verändern. Daß dies für das Leben in Kirche und Gemeinde große Bedeutung hat, für die Ausübung des kirchlichen Amtes z. B. ausschließlich durch Männer, ist vielfältig erlebbar. Nicht zufällig geraten unter diesem Vorzeichen alle Situationen um Macht und Ohnmacht in der Kirche in den Mittelpunkt. Was könnte sich unter Christen und in der Kirche noch ändern, wenn wirklich geschwisterlich der ganze Reichtum des Geschlechtlichen (das doch von Gott gewollt ist!) erlebt und gestaltet würde.

Nicht nur die Geschlechter-, auch die Generationsthematik will in unserem Zusammenhang bedacht sein. Vielfach wird mit Recht der Verlust konstatiert, der durch die lebensweltliche Isolierung der Großeltern für diese selbst, für Kinder und vor allem Kindeskinder entsteht. Die Spezialisierung, ja Segmentierung in generationell unterschiedliche Lebenswelten führt zur Unterbrechung kostbarer Überlieferungszusammenhänge. Und was das Fehlen der erzählenden Großmütter und der weisen Großväter für die Welterfahrung und Selbstdeutung zumal der Kinder bedeutet, ist kaum auszudenken. Umgekehrt veröden oft genug die älteren und alten Menschen bis hin zum Gefühl, in ihrem Leben ganz gescheitert zu sein und jetzt vor einem Scherbenhaufen der Vergeblichkeit zu stehen. Gewiß: Auch hier wächst der Leidensdruck in unserer Gesellschaft, und entsprechend sind Veränderungen ansatzweise im Gange. Wer aber erzählt die Geschichte der Niederlagen von älteren und alten Menschen? Wer macht die Verlustrechnung im reduzierten Erfahrungsaustausch zwischen den Generationen auf?

Und vor allem: Wer bedenkt das Scheitern der Kinder an ihren Eltern, an „den“ Erwachsenen, der Erwachsenenwelt, der Erwachsenenkirche? Nie sind in der Geschichte der Menschheit Kinder als eigene Subjekte mit einer unverwechselbaren eigenen Biographie von Anfang an so entdeckt und gewürdigt worden wie in diesem Jahrhundert! Nie aber war auch die Tendenz zur Überforderung und Unterschätzung der Kinder so groß wie heute. Wann sind Erwachsene überhaupt in der Lage, Kinder zu haben und zu erziehen? Wer bedenkt die Geschichte der Gewalt gegen Kinder und analysiert sie? Was ist mit den unausgesprochenen Nöten der Kinder, die bei den hektischen Erwachsenen kein Ohr und keine Zeit finden und mit sich allein bleiben? Wie oft laufen Kinder mit ihren legitimen Bedürfnissen, Ängsten und Erwartungen schlicht gegen eine Wand der Fühllosigkeit und Unaufmerksamkeit? Es müssen nicht immer gleich wirkliche Traumatisierungen sein, aber Verwundungen und Verletzungen dieser Art tragen viele, übertragen viele bis tief ins Erwachsenenalter hinein von Generation zu Generation.

Gevatter Tod

In jedem Beziehungsabbruch, in jeder Misere, in jeder Niederlage, mitten im alltäglichen Leben, ist bekanntlich immer schon der Tod präsent. „Das, wozu es keine Alternative mehr gibt, ist der Tod“ (Max Frisch). Zwar herrscht in unserer Lebenswelt die Wunschvorstellung von ewiger Jugendlichkeit, von gleichbleibender, ja wachsender Vitalität, von förmlicher Unsterblichkeit vor – und entsprechend wird der endgültige Tod abgeschoben in die Krankenhäuser, Intensivstationen, Sterbehinterzimmer. Öffentlich kommt der Tod nur als Katastrophe im Fernsehen und den Nachrichten vor, immer schon mit der Verfremdung zum Spektakel und zur aufregenden Neuigkeit für einen Tag oder nur Abend. Entsprechend sind die kleinen Tode im Leben nur Störfälle, die es schnell zu reparieren gilt, Störenfriede, die schnell zu vertreiben sind. Wie im Kleinen, so im Großen, wie im Vorletzten, so im Endgültigen sind die Sterbenden dann allein.

Dabei ist es keineswegs selbstverständlich, Tod und Sterben von vorneherein als Scheitern zu definieren. Es gibt ja auch den schließlich erwünschten Tod, es gibt die Fülle eines Lebens, das wie die reife Frucht ist, die vom Baum fallen will, es gibt eine legitime Lebensmüdigkeit und ein Sich-Lassen in den Tod hinein. Durch die Verdrängung des Todes am Ende, des Todes mitten im Leben, durch dessen tendenzielle Isolierung aus dem „unheilbar gesunden", „normalen" Alltag gerät freilich der Tod um so mehr zum vollends bedrohlichen, störenden und zerstörenden. Er wird zum Inbegriff des Scheiterns, die Lebensniederlage schlechthin. Zwischen der Tabuisierung des Scheiterns und der Verdrängung des Todes besteht ein innerer Zusammenhang – und beides geht immer auf Kosten der unmittelbar Betroffenen, auf Kosten freilich auch der Wahrheit und Sensibilität im gesellschaftlichen und individuellen Leben überhaupt.

Fehlt deshalb eine förmliche Kultur des Abschieds? Schleppen wir deshalb so viele „unerledigte Geschäfte" mit uns herum? Können wir deshalb so schwer loslassen und neu anfangen? Müssen wir deshalb so viel besitzen, haben und „kriegen"? Vor allem aber: Geht uns, den noch Lebenden, deshalb der humane Wert des Sterbens, der Reichtum der Sterbenden verloren? Aus Sterbeforschung und Sterbebegleitung – und auch hier sind Veränderungen in Gesellschaft und Bewußtsein im Gange – wissen wir, welche Dramatik von Abwehr, Klage, Protest, Kleinmut und Größe von uns allen zu gestalten ist, wenn es – nicht nur partiell – ans Sterben geht.

Das Sterben eines Menschen wird in vielfacher Hinsicht als Scheitern, als Niederlage erfahren: als Niederlage der medizinischen Versorgung, der Heilkunst, die hier mit ihrem Latein am Ende war; als das Scheitern eines Familienverbandes, der nicht in der Lage war, die Solidarität mit dem Sterbenden bis zum Ende durchzuhalten; als das Scheitern unserer Scheiternsverdrängung, die sich für einen Augenblick – für kürzere oder längere Zeit – vom Sterben eines Menschen außer Kraft setzen lassen muß. Die gesellschaftliche Oberfläche, gut versiegelt von kompetenten Versorgungs- und Entsorgungseinrichtungen, poliert von einer auf Glätte verpflichteten, Glanz produzierenden Unterhaltungsindustrie, sie bekommt Risse. Sie erweist sich als bloßer „Überzug" über Spannungen und Verwerfungen, die jederzeit aufbrechen, die uns jederzeit in „Mit-Leidenschaft" ziehen können. Der Tod eines nahen Mitmenschen führt uns aufdringlich vor Augen, wie dünn das Eis auch unter unseren Füßen ist; stellt unser Alltags-Management abgründig in Frage.

Die Redeweise vom „Gevatter Tod" vermittelt noch eine Ahnung davon, wie es auch sein könnte: daß der Tod zu uns gehört wie ein Hausgenosse, mit dem wir in langem Leben vertraut wurden, so daß er uns nicht – wie ein Einbrecher von draußen her – „heimsucht". Der Tod, mit dem der Mensch umgeht, mit dem er sich vertraut macht – auf dem Dorf sieht man es ja noch, daß alte Menschen, solange die Beine sie tragen, immer wieder zum „Kirchhof" gehen und sich dort einen Sonnennachmittag lang aufhalten. Der Tod als Einschnitt, nicht als Katastrophe oder Abbruch – im „Don Camillo" von Giovanni Guareschi sagt ein noch erstaunlich lebendiger Alter zu denen, die sich um sein Sterbebett versammelten: „Regt euch nicht auf, ich verlasse doch nur den irdischen Verwaltungsbezirk!" Wir könnten kaum noch so reden und denken. Für uns ist der Tod dramatischer, katastrophaler, auch banaler, eben doch der Fall ins Leere, das Ende, das alles in Frage stellt. Alles? Auch Gott noch? Ist es denn nicht an Gott, diesen Fall aufzufangen, im Ende den neuen Anfang zu setzen? Ist es denn nicht so, daß der Glaubende hoffen darf, durch das Sterben hindurch zu dem zu gelangen, bei dem der Tod nicht mehr sein wird, auch nicht Trauer, Klage und Mühsal; bei dem, der alle Tränen abwischen wird (Offb

21,4)? Ist es denn nicht so, daß Gott und das Scheitern sich ausschließen, so daß, wer zu Gott kommt, das Scheitern hinter sich hat? Gott als die Gegeninstanz zum Scheitern, zur Sterblichkeit der Menschen, so muß man ihn doch offensichtlich denkend und glaubend in Anspruch nehmen. Aber ist damit schon alles oder auch nur das Entscheidende gesagt darüber, wie Gott, das Scheitern und der Tod zusammengehören?

Fragen

Wir haben vier prinzipielle Möglichkeiten der Reaktion auf die Erfahrung von Niederlagen bedacht – und immer waren es, wie könnte es auch anders sein, Abwehrreaktionen. Freilich: nur in den seltensten Fällen ist Abwehr eine schöpferische Haltung – dann nämlich, wenn wir den „Feind" um uns oder in uns, den Anlaß also des Scheiterns, abwehren, in die Flucht schlagen und aktiv beseitigen können. Solche Art von Schadensabwehr und Schadensbegrenzung ist gesund und zeugt von Überlebenswillen. Allzuleicht aber ist, wie bei den vier Reaktionsmöglichkeiten bedacht, nur Ausflucht im Spiel, nur Verdrängung, nur Versteck-Spiel vor sich selbst und vor anderen. Bis zuletzt möchte man die Härte des Geschehens nicht wahrnehmen. Anstatt in die Offensive zu kommen, flüchtet man sich etwa in eine Art Totstellreflex. Es gilt also nun zu fragen: wie sehen schöpferische Möglichkeiten des Umgangs mit Scheitern, mit Katastrophen und Niederlagen aus? Wie können wir – vom Standpunkt des erwachsenen und mündigen Menschen, der mit Tod und Leben, mit Lust und Leid umzugehen weiß – schöpferisch reagieren lernen auf all die Einbrüche und Zusammenbrüche, die faktisch zu unserem Leben gehören? Vor allem aber: Welche Deutekraft hat dabei der christliche Glaube an Gott? Im Sinne unserer Eingangsfragen formuliert: Kann Gott scheitern? Von welchem Gott soll die Rede sein? Wie hängen christliches Menschenbild und Gottesbild zusammen, was ergäbe sich daraus für die christliche Existenz, für Gemeinde und Kirche? Vor allem auch: wie sähe eine Ethik und Pastoral des Scheiterns aus, in der wir uns vom Evangelium Jesus Christi bestimmen lassen und nicht länger vom Gotteskomplex der totalen Unverwundbarkeit (und der damit verbundenen Ideologie, als Mensch nie scheitern zu dürfen)? Fällt vom christlichen Glauben an den Auferweckten, Gekreuzigten ein besonderes Licht auf die Erfahrung des Scheiterns und den Umgang mit ihm? Alles kommt also darauf an, daß wir uns klarer werden, wen wir meinen, wenn wir christlich Gott sagen. Je klarer wir erkennen und bezeugen, von wem wir uns im christlichen Glauben angesprochen und angerufen sehen, um so vorbehaltloser können wir uns auf das Leben einlassen, in allem, was es uns bringt – in Leid und Freude, im Leben und Tod, aufs Kreuz gelegt und auferstehend!

II. Gott und das Scheitern

Welcher Gott?

Kann Gott scheitern? Die Bibel antwortet unbekümmert mit Ja. In ihr sind ja unzählige Geschichten der Not und des Scheiterns Gottes und der Menschen aufbewahrt. Die Bibel insgesamt kann als Ergebnis und Konzentrat langer Leidens- und Hoffnungsgeschichten gelten, als Dokument der Verarbeitung von Niederlagen. Viel Lebens- und Sterbensarbeit, viel Zustimmungs- und Widerstandskraft waren nötig, um im Blick auf die realen Verhältnisse doch zum Glauben zu kommen, daß unter den vielen Göttern dieser Welt einzig Er der wahre und absolut verläßliche ist. Erst im siebten und sechsten Jahrhundert v. Chr. hat sich dieser Glaube an den einen und einzigen Gott herausgearbeitet und durchgesetzt. Daß er ein wirkliches personales Gegenüber ist, Gott seines Volkes nicht nur, sondern Gott aller Menschen und jedes einzelnen, das mußte erst gelernt, erlitten und erarbeitet, erbetet und erhofft werden. Und wann je hätten Menschen etwas gelernt, ohne zu leiden! Zunehmend bewußter wurde dem Volk Israel, daß dieser Gott das Glück und Heil aller Menschen will – gerade auch der Opfer, der Gescheiterten, der Darniederliegenden. Hatte er nicht das Stöhnen seines Volkes in Ägypten gehört, hat er sich nicht auch ins babylonische Exil begeben, war er nicht immer auf der Seite der Gedemütigten und Verfolgten? Im Gegenentwurf zu einer vitalistisch verstandenen Evolution besteht dieser Gottesglaube gerade darauf, daß sich nicht länger die Stärkeren gegen die Schwächeren durchsetzen, daß vielmehr gerade die Schwächeren einer besonderen Stärkung und Erwählung wert und bedürftig sind. Die hebräische Bibel spricht also nicht von einem fertigen, gleichsam ausgedachten Gott, der dann erst sekundär mit der Frage menschlicher Leiden konfrontiert wäre. Nein: der da Gott heißt und Inbegriff aller Verläßlichkeit und Bundestreue ist, taucht förmlich in den Leidens- und Notgeschichten des Volkes auf. Mitten in der ägyptischen Knechtschaft wird er glaubhaft als der Befreier, mitten im babylonischen Exil schafft er die Heimkehr, mitten in der Ohnmacht der Gerechten ist er der lebenschaffende Gott – voller Einfühlung und Mitleiden, voller Empathie und Sympathie, durch und durch mitbetroffen und in Mitleidenschaft gezogen von der Not seines Volkes. Und in dem allen steht er doch drüber: Er versinkt nicht im Meer menschlicher Leiden, er stimmt nicht ohnmächtig in den Klagegesang der Besiegten ein, sondern mitten im Leiden und durch dieses hindurch führt er ins Gelobte Land, schafft er Freiheit, stiftet er Leben.

Der Gescheiterte aus Nazareth

Zeigt schon die hebräische Bibel einen antiselektionistischen Zug, ein Interesse an den kleinen Leuten, eine besondere Sensibilität für die Opfer, so führt dies, christlich jedenfalls, im Weg Jesu zusammen (und das ganze Neue Testament kann verstanden werden als Dokument einer kollektiven Trauerarbeit, um nämlich das Scheitern Jesu schöpferisch zu verschmerzen und in ihm den Gott Israels als den einzig Verläßlichen neu zu entdecken!). Mit Jesus tritt Gott selbst, dieser Gott, ganz auf die Seite der Gescheiterten: Jesus sucht die Gemeinschaft mit ihnen, er setzt sich mit ihnen an einen Tisch, nicht herablassend, sondern schöpferisch solidarisch. Und schließlich gehört er, der Gekreuzigte, selbst zu den Gescheiterten. Wenn Christen von der Auferweckung des Gekreuzigten sprechen, von der Rehabilitierung des

Gescheiterten, dann sehen sie gerade in dem Mann aus Nazareth, in dem verwundeten Arzt, die Ikone wahren, geglückten Mensch-Seins: vielfältig gezeichnet von Niederlagen, die Wunden der Liebe sichtbar am Leibe tragend, um so mehr ausgezeichnet durch die Gewißheit, daß dieser Gott noch in der letzten Situation des Scheiterns wirklich da ist und die dunklen Wege der Ohnmacht, der Niederlage, ja des totalen Endes abgründig mitgeht, um schließlich in ihnen und durch diese hindurch Leben zu schaffen, bleibendes, ewiges Leben. Der Gott der Hebräer – der „Ich werde da sein, als der ich da sein werde" (Ex 3,14) – offenbart und bewährt sich mitten im Scheitern Jesu als verläßlich, als auferweckend, als aufrichtend und auferstehend. Scheitern ist ihm nicht fremd, denn in seinem Sohn hat er daran Anteil.

Mit Israel tritt Gott, dieser Gott, selbst auf in der Geschichte des leidenden Volkes, in den Situationen der Niederlage, z.B. der Babylonischen Gefangenschaft. Und noch, wagen wir es zu sagen, bis in Auschwitz ist dieser Gott da: In Auschwitz und Dachau wurde zu ihm gebetet, wurde zu ihm geklagt, wurde er angeklagt, wurde er als Klagemauer wahrgenommen und glaubhaft. Mit dem Juden aus Nazareth tritt Gott selbst, dieser Gott, ganz auf die Seite der Gescheiterten. Dies nicht aus Schwäche, sondern aus Solidarität, nicht aus ressentimentartiger Verschwisterung, sondern in der Allmacht ohnmächtiger Liebe, die gerade den Opfern, gerade den Gescheiterten nahe ist und mit ihnen geht in allem – nichts erklärend, aber mitleidend und schließlich noch im Tode Leben schaffend. Er ist ein Gott der Lebenden und nicht der Toten; den Tod hat er nicht gemacht, und das Scheitern will er nicht.

Vor diesem Hintergrund lädt der christliche Glaube dazu ein, diesen Gott gerade auch in den Situationen der Niederlage zu entdecken und die Gnaden des Nullpunktes wahrzunehmen. „Wenn ich schwach bin, bin ich stark" (2 Kor 13,10). Die ganze Bibel ist, so gesehen, eine Geschichtensammlung der Scheiternden: von Abel über Jeremia bis zu Jesus – und weit darüber hinaus bis in unsere Tage. Jesus, der der Versuchung nicht erlag, Gewalt mit Gegengewalt zu beantworten, und deshalb lieber den letzten Platz des am Kreuz Verfluchten annahm und wählte, wird nun zum Inbegriff des wahren Menschen, der sich lieber niederschlagen, aufs Kreuz legen läßt, als daß er andere niederschlägt. Und wie Jesus klagten schon Jeremia und Hiob auf der Suche nach diesem Gott, um ihn schließlich an ihrer Seite auch in der Niederlage zu entdecken und zu glauben. Freilich: Dies alles ist schnell gesagt, keineswegs leicht geglaubt und gelebt. Die Geschichte Israels bis heute zeigt es, und jeder Holocaust, angefangen von dem der Armenier in diesem Jahrhundert, belegt es. Jesus selbst dürften wir uns keinen Augenblick als jene Art stahlgehärteten Siegertyp vorstellen, der mitten hindurchgeschritten wäre durch die Leidensgeschichten der Menschen, selbst unberührt und apathisch. Das wäre nur das heutzutage vielfach verbreitete Macho-Bild dessen, der hart ist gegen sich und brutal gegen andere. Nein, die Geschichte Jesu zeigt einen Menschen, der sich vom Leiden der Opfer berühren läßt, der deshalb selbst schließlich ganz zu ihnen gehören mußte und mitten in dieser gemeinsamen Geschichte voller Niederlagen jenes Gottes-Leben, jenes Über-Leben zur Welt bringt, das nicht einfach vitalistisch hochgedopt wäre, sondern die Einheit von Leben und Tod ist zugunsten des Lebens, die Einheit von Macht und Ohnmacht zugunsten von Vollmacht, die Einheit von Gelingen und Scheitern zugunsten wahren Lebens – immer also beides, das ganze menschliche Leben, ohne Verdrängung, ohne Abspaltung, ohne Triumphalismus, ohne Depression.

Sehen wir also die Jesus-Geschichte und die Gottes-Geschichte in Israel und in Jesus von Nazareth als normativ an, dann gilt: der Gescheiterte ist nicht weniger Mensch als der Erfolgreiche, das Wrack nicht weniger als das Schiff, das zusammengebrochene Haus nicht weniger als der Palast. Mensch werden heißt in diesem Hoffnungshorizont auch scheitern dürfen – in Freiheit und angesichts der Grenzen der Endlichkeit, ja auch aus Schuld und in der abgründigen Dynamik gewaltsamer Selbst- und Fremdzerstörung. Gott, dieser Gott, ist immer schon darin, „innerlicher, als wir uns selbst innerlich sind, und höher, als wir uns selbst hoch sind", wie *Augustinus* betete. Gott ist nicht unbetroffen von unseren Geschichten, und unsere nicht länger von den seinen. Wenn wir bekennen, daß Jesus hinabgestiegen ist in das Reich der Toten, dann ist damit auch gesagt, daß es absolut keine Situation in dieser Welt gibt, auch die ausweglosesete nicht, die von Gott und der Welt verlassen wäre. Immer schon ist er, den wir Gott nennen, uns wohltuend zuvorgekommen, weil er mit uns geht in allem. Er erwartet uns, wie die Mystiker sagen, in allen Dingen, in allen Situationen, und von dorther kommt er uns entgegen.

Ein Mißverständnis muß abgewehrt werden: Es geht weder um masochistisches Verliebtsein ins Leiden noch um Glorifizierung des Scheiterns. Die Niederlagen sollen nicht religiös überhöht und ideologisiert werden. Der christliche Glaube ist eine Perspektive des Lebens und nicht des Leidens! Freilich: „Jenseits von Eden" wäre bloßer Fortschrittsglaube, simpler Optimismus und fröhliche Verdrängung der Niederlagen genauso fatal. Christlich Mensch werden auf der Spur Jesu: das ist ein äußerst ernüchterndes Konfrontiert-Werden mit der Welt und der conditio humana, wie sie ist, zugleich aber die Horizontöffnung, um sterblich Mensch werden zu können jenseits der Teufelskreise von Depression und Grandiosität.

Ein so verstandenes Christentum ist in sich die Kritik einer Gesellschaft, die nur den Siegertyp als Norm gelten lassen möchte und alle anderen – zum Beispiel die Kranken, die Alten, die Kinder, die Gefangenen, die Geisteskranken – ausschlösse. Wenn in einer Gesellschaft Sicherheit und Absicherung als höchste Werte gelten, dann muß das Christentum Einspruch erheben: Nirgends in den biblischen Schriften und im Wärmestrom christlicher Überlieferung bedeutet die Begegnung mit Gott Beruhigung und Absicherung. Gewißheit wohl, Sicherheit nie! Christlicher Humanismus impliziert also eine neue Sozialform und Vergesellschaftung – durch und durch antiselektionistisch, antirassistisch, antielitär. Wirkliche Gleichheit aller, wirkliche Ganzheitlichkeit für jede und jeden: beides schließt die Integration der dunklen Seiten der Existenz, das Abgründige und Scheiternde mit ein. Nochmals: Niederlagen und Ohnmachtserfahrungen werden weder masochistisch noch sadistisch begrüßt, so als wäre Leiden ein Selbstzweck, Niederlage eine Freude. Aber sie werden auch nicht verdrängt und stigmatisiert, vielmehr gehören sie, in der Gestalt des Opfers, in die Mitte des Menschen- und Gottesglaubens selbst, in die Mitte und Öffentlichkeit auch der Gesellschaft. Aus diesem Glauben heraus entspringen der Mut und die Kraft, mit den Scheiternden solidarisch zu werden und sich auf ihre Seite zu stellen. In der Nachfolge Jesu, in der Anteilnahme an Gottes Sorge um den Menschen sehen sich die Glaubenden herausgefordert, Partei zu ergreifen und an der Veränderung ungerechter Verhältnisse mitzuwirken. Je entschiedener wir im Glauben jene Gottesnot wahrnehmen, die aus Gottes Liebe kommt und dem Respekt vor menschlicher Freiheit, desto mehr werden wir uns seiner und seiner Sache zugunsten der scheiternden Kreatur annehmen. Je mehr wir Abschied nehmen von einem als bloß omnipotent und alleskönnerisch projizierten Gott;

je mehr wir ihn in der Leidensgeschichte der Menschheit bittend und rufend auf uns zukommen sehen, desto mehr werden wir, wenn wir ihm schon glauben dürfen, willens und fähig sein, seine Gottes-Sache uns zu eigen zu machen. Deshalb beten wir im Vaterunser um das Kommen seines Reiches, um den Durchbruch seiner Weltherrschaft überall. Deshalb lassen sich Christen nicht in irgendeine Innerlichkeit abdrängen, wo sie bestenfalls seelische Leiden „betreuen" und zur Bewältigung privater Katastrophen beitragen. Auch dies ist äußerst wichtig, denn jede Niederlage ist eine zuviel! Aber genauso wichtig ist die gesellschaftsverändernde, gesellschaftskritische Dimension des Glaubens an jenen Gott, der gekommen ist, uns reich zu machen durch seine Armut (vgl. 2 Kor 8,9). Es ist ja der Gott, der das Heil aller will! Deshalb erwächst aus dem christlichen Glauben eine solch schöpferische Beunruhigung darüber, daß soviel Gottlosigkeit und Egoismus in der Welt ist! Führt das nicht zum Scheitern Gottes? Erst wenn wir die Katastrophen, Niederlagen und Einbrüche auch im Weltmaßstab wirklich an uns herankommen lassen, können wir ahnen, wie sehr Gott leidet und wie sehr er seiner Kirche und aller Glaubenden bedürfen will. Sollen diese doch Mitarbeiter und Mitarbeiterinnen sein im weltweiten Erlösungshandeln Gottes und seines Geistes! Es wäre eine gefährliche Verkürzung des Gottesglaubens, wollten wir ihn aufs bloß Innerliche oder Private verengen!

Allmächtiger Gott?

Allzuoft haben wir den Anfang des Glaubensbekenntnisses mißverstanden. Gott ist allmächtig, so bekennt die christliche Gemeinde seit alters her, und das aus guten Gründen. Er hat sich als absolut verläßlich erwiesen, als treu und durchtragend in allem! Aber diese Allmacht ist eben nicht die des Alleskönners, des omnipotenten

Zauberers im Himmel und auf Erden, des All-Machers. Nein, wenn wir christlich vom allmächtigen Gott sprechen, so meinen wir das Geheimnis seiner Liebe, die – wie in Jesus Christus maßgebend zu sehen – alle Wege der Menschen mitgeht, bis zum Äußersten. Gottes All-Macht ist die Ohnmacht seiner Liebe, die sich durch nichts davon abbringen läßt, alle Wege seines Volkes und aller Menschen mitzugehen. Gott ist, so bezeugt Jesus von Nazareth, gleichsam besinnungslos treu. Einseitig hat er sich gebunden für immer, und nun gilt auch für ihn gleichsam: „mitgehangen – mitgefangen". Er ist, menschlich gesprochen, der Gefangene seiner Liebe geworden, er ist das volle Risiko seiner Selbstbindung an diese Welt eingegangen. Er hat sich abhängig gemacht von uns, von unserer Gegenliebe, von unserer Bereitschaft, sich seiner Liebe und d.h. auch seiner Not in wirklicher Gegenliebe schöpferisch anzunehmen! Und ist nicht wehrlos, wer liebt? Sind er und sie, die lieben, nicht bedürftig geworden, abhängig vom nicht erzwingbaren Vertrauen des Gegenübers, angewiesen auf sein Mitfühlen und Mithandeln? Weil sich Gott durch nichts mehr von seiner Bindung an diese Welt abbringen läßt und den Preis seiner Weltliebe voll übernimmt, bekennen wir ihn als allmächtig. Weil wir aber seine Allmacht als das Geheimnis seiner Liebe glauben lernen, bekennen wir ihn als ohnmächtig. Und dies mit der ganzen Dramatik einer wechselseitigen Beziehungsgeschichte. Spricht nicht die Bibel immer wieder davon, wie leidenschaftlich Gott sein Volk sucht, wie er es für seinen Bund mit der Schöpfung braucht, wie sehr er darauf angewiesen ist!

Bezeichnend ist schon die sogenannte Ur-Geschichte: denn hier erscheint Gott angesichts der Gewalt- und Lügenzusammenhänge der Menschen schließlich als der, der nicht mehr will. In der Sintflut-Erzählung ist von Gottes maßloser Enttäuschung die Rede, und er will sein ganzes Welt-Projekt rückgängig machen. Aber nur für den „Augenblick" seiner tiefsten Enttäuschung. Er kann nämlich, er will nicht davon lassen, und so fängt er mit Noah und Abraham neu an, und in Jesus Christus erneut. Allmächtig und ohnmächtig zugleich läßt er sich nicht abbringen von seinem Wunsch, den Menschen als Partner zu gewinnen, als seinen Stellvertreter und Anwalt in dieser Welt. Aber wieviel Borniertheit, wieviel Egoismus, wieviel Widerstand auf seiten der Menschen, auf seiten seines auserwählten Volkes, auf seiten auch der Kirche! Wird er solcher Widerständigkeit und Gewaltsamkeit des Menschen wirklich Herr? Ist die Geschichte der Menschen nicht insgesamt eine einzige Niederlage – denn immer noch wird Jesus gekreuzigt in den vielen Einsamen und Erniedrigten (Mt 25)?

Und immer noch gilt die Gottesfrage an uns: „Adam, Eva, wo bist du? Was macht ihr mit meiner Schöpfung? Was macht ihr mit euch selbst und aus euch selbst?" Und immer noch gelten wie im psychodramatischen Rollentausch die klagenden Rufe der Karfreitagsliturgie: „Mein Gott, mein Gott, was habe ich dir getan? Warum verfolgst und quälst du mich?" Ja, der Name dieses Gottes wäre verdunkelt, wenn wir sein Scheitern, seine Ohnmacht, seine Niederlagen in der Welt nicht sähen. Scheitert er definitiv an seinem Projekt Schöpfung, an den Menschen als Bundespartnern, ja, so müssen wir die Fragen zuspitzen: Scheitert Gott gar an seiner Christenheit, an der Kirche? Kommt er wenigstens dort zum Zuge, wirklich erkannt und anerkannt als der Schwache, Starke, der er sein will für uns? Solche Fragen mögen schockieren, aber in Bibel und Glaubensgeschichte kommen sie uns ständig entgegen. Da ist von jenem Gott die Rede, der es müde ist, sein Volk zu begleiten. Er ist zornig, weil die Leute weiterhin zerstörerisch mit sich und allem umgehen. Sie unterdrücken einander, beuten sich aus – und keine Spur davon, die Schöpfung zu bewahren, Friede und Gerechtigkeit zu schaffen. Es ist, als wolle Gott resignieren und sein Menschheitsprojekt annullieren. So realistisch ist sein Scheitern, auch mitten im Gottesvolk, auch mitten in der Kirche. Wird sie seinem Schöpfungs- und Erlösungsbemühen gerecht? Nehmen die Christen ihn wahr mit seinem Mut, uns auch in Niederlagen und Ohnmacht zu begegnen? Ezechiel rechnet damit, daß Gott aus lauter Verzweiflung auswandern müsse aus dem Tempel, aus der Herzmitte seines Volkes! Wird der Gott Israel, wird der Gott Jesu Christi immer wieder verraten, immer wieder verdrängt durch den Siegergott, durch den Stiergott, den totalitären Herrscher im Himmel und auf Erden, den wir projizierend an die erste Stelle setzen? Kann Gott scheitern? Nicht jeder, so müssen wir antworten. Nur der freilich, der rückhaltlos liebt, der die Liebe in Person ist, einseitig und zuvorkommend, besinnungslos treu bis zum Äußersten. Jeder, der liebt und sich lieben läßt, geht ein Risiko ein. Dieser Gott will Mensch und Welt als wirkliches Gegenüber, als freie Partner. In solchem Zutrauen steckt das Risiko der Freiheit, der Preis der Liebe, eben das Scheitern. Wieviel hat Gott investiert, wie sehr hat er sich verausgabt und geöffnet, geoffenbart – wie groß muß dann immer wieder der Schmerz der Verlassenheit sein, die Not der Einsamkeit, die Qual des nicht Verstanden- und Angenommenwerdens! Die mystische Rede von Gottes Sehnsucht, von Gottes leidenschaftlichem Werben um den Menschen, die ganze Palette von Klage, Anklage und Verzweiflung auf seiten Gottes selbst wären hier zu erinnern.

Die frohe Botschaft von Gottes Gericht

Wie selbstverständlich, das haben die bisherigen Überlegungen gezeigt, denken wir beim Stichwort Scheitern an Verhaltensweisen und Situationen von Menschen, die bei anderen „abblitzen“, die durch Schicksalsschläge aus der Bahn geworfen werden oder eben andere scheitern lassen. Im religiösen Kontext ist die Frage wichtig, ob und wie Menschen an Gott scheitern, ihn nicht erreichen oder verlieren, bei ihm nicht „landen“ und entsprechend in sich selbst versinken. Nehmen wir freilich die biblische und christliche Perspektive, daß Gott einen wirklichen Bund mit den Menschen eingegangen ist, und zwar, von ihm ausgehend, in wirklicher Wechselseitigkeit, dann muß die Frage zugespitzt werden: Scheitert Gott am Menschen? Steht er schließlich mit leeren Händen und vollends erfolglos da, weil er mit seinem Heilswillen, mit seinen erlösenden Absichten seinerseits kein Gehör fand und förmlich ins Leere sprach und lief? Darf, ja muß der Gedanke gewagt werden, daß Gott selbst schließlich der vollends Gescheiterte ist (und mit ihm dann auch, religiös gesehen jedenfalls, vollends der Mensch)? Muß Gott sich förmlich am Ende definitiv sein eigenes Scheitern eingestehen? Müssen Menschen sich vor Gott und an ihm ihr eigenes Scheitern eingestehen? Solche Fragen sind aufgehoben im christlichen Glaubensbekenntnis von Jesu Auferweckung und Gottes Gericht. Freilich: Die gute Botschaft von Gottes Gericht ist vielfältig ins Zwielicht geraten.

Generationen von Christen sind, trotz der eindeutigen Verheißung des Evangeliums von der Liebe Gottes, doch in einer tiefen religiösen Zweideutigkeit gefangen geblieben: Die Vorstellung von der Strafe Gottes hat die Hoffnung auf seine alles vergebende Liebe immer wieder durchkreuzt, in Frage gestellt und ambivalent werden lassen. Allzu oft haben Christen, bis in die Verkündigung hinein, das Bild des christlichen Gottes doch nur so gezeichnet, wie sie menschliche Liebe erfahren, nämlich begrenzt und bedingt: „Bin ich gut, werde ich geliebt; bin ich böse, werde ich bestraft." Für das Gelingen christlichen Lebens galt das Versprechen himmlischer Seligkeit, für das Scheitern Hölle und Verdammnis. Das Wort vom Gericht wurde unter der Hand belastet mit Vorstellungen endgültiger Hinrichtung und Beseitigung. Alle Hoffnungsbilder der Christen haben deshalb oft diesen zwielichtigen, schillernden Charakter behalten – mit viel unerlöster Angst vor Gott und dem eigenen Leben (bzw. Lebensübergang).

Wurde früher aus Gründen, die hier nicht zu entfalten sind, die Möglichkeit des Scheiterns an Gott, ja durch Gott im Bilde der Verdammnis sehr stark unterstrichen, so wurde in den letzten Jahrzehnten die Botschaft vom Gericht am liebsten ganz verschwiegen oder unterschlagen. Zu mächtig war die Erblast einer angstmachenden Verkündigung. Heute ist wohl die Kirchenstunde, in der wir neu die Botschaft vom Gericht, gerade auch diese, als eine frohe zu entdecken und zu verkünden haben. Geht es darin doch um das bleibende Gewicht, den wirklichen Ernst des gelebten Lebens, des faktischen Christseins und der Jesus-Nachfolge. Aber eben nicht im Horizont von Angst-, ja Panikmache, sondern im Kontext der zuvorkommenden Einladung Gottes, der uns die Gnade einer eigenen Biographie schenkt. In seinem Evangelium mutet er sich uns zu in der Erwartung, daß wir auf seine Liebe reagieren und sie erwidern – nicht aus Angst, sondern in Freiheit und Freude, ganz analog zu glückenden zwischenmenschlichen Beziehungen. Was wäre eine Beziehung, in der sich die Partner nicht auch einander zumuteten mit allem, was sie sind und was sie bewegt? Was wäre eine Partnerschaft ohne Zutrauen, aber auch ohne ehrliche Konfrontation, wo es sein muß – im Horizont freilich der Liebe, der wechselseitigen Einfühlung und Annahme, der Güte und Vergebung? Die Botschaft von Gottes Gericht erinnert jeden, der ihr glaubt, daran, daß die Geschichte mit Gott eine wechselseitige ist, eine durchaus auch in aller Liebe verpflichtende, einladende und einfordernde. Die Geschichte mit Gott soll ja nicht zur „billigen Gnade“ verkommen, zum kirchlichen Ausverkauf, zum faulen Mitläuferchristentum. Es geht um wirkliche, verbindliche Beziehung auf Wechselseitigkeit – und deshalb sprechen die biblischen Schriften von Gottes Bund mit seinem Volk und jedem Einzelnen in ihm. Wer sich für diesen Gott entscheidet, trifft eine Wahl, trifft eine Option und entsprechend geht er auch, wissend und dankbar, Verpflichtungen ein – nicht freilich aus Angst, sondern aus Freude und dankbarer Erwiderung. Die Botschaft vom Gericht erinnert also an den Ernst des Christseins, sie appelliert an die Mündigkeit erwachsener Christen, die wissen, was sie tun, wenn sie sich zum Glauben entscheiden durften.

Gerade dies aber ist eine frohmachende Botschaft, und nicht eine Scheitern androhende. Wenn Gott richtet, so heißt dies zuallererst: Er wird wieder aufrichten, was darniederliegt; er wird aufhelfen den Gescheiterten, und die Weinenden werden zu lachen haben, und die Trauernden werden jubeln. Jene aber, die andere weinen machen und die sich so verhalten, daß anderen zum Heulen ist, werden beschämt sein. Das eigentlich Befreiende in der Botschaft vom Gericht aber ist dies: Der, der uns richten wird, ist selbst ein Hingerichteter; er wird nicht, mehr oder weniger distanziert und unbeteiligt wie die Richter dieser Welt (wie die Scharfrichter in uns), sein entscheidendes Wort sprechen, sondern mit der ganzen Last und Würde seines eigenen Gescheitertseins, mit der daraus erwachsenden Einfühlung und Vergebungskraft. Gottes Gericht – Gottes Rechten –, anschaubar am Hingerichteten aus Nazareth, ist so gerecht, daß diese Gerechtigkeit mit seinem Erbarmen in eins fällt. Nehmen wir zum Vergleich die rückhaltlos offene Beichtsituation zwischen zwei Menschen, die sich lieben: Ist einer schuldig geworden und behält doch das Vertrauen, sich mit seiner Schuld dem oder der anderen offen zu bekennen, so ist dieses Aug in Auge bis ins Innerste erschütternd, weil bloßstellend, weil die Möglichkeit der Ablehnung und Bestrafung eröffnend. Die Möglichkeit des Scheiterns, hier durch Schuld, ist ganz real, im größeren Vertrauen aber wie durchzittert von der Hoffnung auf Vergebung, auf die Chance eines Neubeginns der Beziehung miteinander. So wird das Gericht Gottes die endgültige Begegnung mit ihm sein: Rückhaltlos konfrontiert mit all dem, was gescheitert ist und wo wir andere schuldhaft scheitern ließen, muß all dies angeschaut und gleichsam unerbittlich konfrontierend angenommen werden – und doch wird all dies durchstimmt sein von der Glaubensgewißheit, daß Gottes letztes Wort, wie sein erstes, dann doch heißen wird „Alles ist sehr gut“. Die Botschaft vom Gericht ist also frohmachend und befreiend: Einmal, weil sie uns ernst nimmt und mit all unserem Tun und Lassen konfrontiert; zum anderen aber, weil wir dann endgültig verstehen werden, wie einseitig entgegenkommend und befreiend jener Gott ist, der bis in die letzten Scheiternssituationen unsere Wege mitgegangen ist, um durch sie hindurch uns zu „richten“, wieder „richtig“ werden zu lassen und in Ordnung zu bringen.

Gottes Schwäche für den Menschen

Vom scheiternden Gott zu sprechen, das ist zutiefst befremdlich in einer Tradition der Gottrede – der „Theo-Logie“ –, die vom griechischen Geist den Gottesbegriff des allervollkommensten Wesens übernommen und sich zu eigen gemacht hat. Gottes Vollkommenheit ist hier gedacht als die vollkommene Abwesenheit all dessen, was Gott in seinem ewig-uneingeschränkten Seinsbesitz beschränken würde: Gott ist immer schon all das, was er sein kann, was überhaupt *sein* kann. Er ist es allein aus und durch sich selbst – ens a se. Er ist von keinem anderen abhängig, auf nichts anderes angewiesen; er ist nicht gebunden an das Maß des Raumes und der Zeit; er ist werdelos ewiges, unkörperlich geistiges Sein. *Anselm von Canterbury* sagt es klar und deutlich heraus: Gott ist für die Menschen das, über das hinaus nichts Größeres gedacht werden kann (Proslogion 2).

Von dem her, was für die Menschen „das Größte“ ist, versuchen sie Gott zu denken und sich vorzustellen. Dagegen ist auch gar nichts einzuwenden, solange man nicht aus dem Blick verliert, daß Gott doch noch größer ist als alles, was gedacht werden kann (Proslogion 15); solange man sich von Gott selbst – von seiner Offenbarung – zu denken geben läßt, was das größte Denkbare ist, über das hinaus er gedacht und zur Sprache gebracht werden will. Ist es auf Gott hin und von ihm her gesehen „das Größte", alles zu können, was man will, vernünftigerweise wollen kann? Ist es „das Größte", vollkommen unabhängig immer schon der zu sein, der man sein kann, nicht angewiesen und abhängig zu sein und deshalb auch nicht am Unverfügbaren scheitern zu können? Oder ist dieses Bild „des Größten" nur die Projektion des unter seiner Zeitlichkeit und seinen vielen Abhängigkeiten leidenden Menschen; das Wunschbild eines vollkommen autarken Alleskönners, der nichts von all dem entbehren muß, wonach wir hoffnungslos hungern und dürsten?

Die biblischen Schriften sprechen immer wieder von einer ganz anderen Vollkommenheit: von der Vollkommenheit einer Liebe, die nicht ohne die Geliebten sein will, die nicht ohne sie – nur für sich – vollkommen sein will; von einer Liebe, die so vollkommen ist, daß sie sich verschwendet und mitteilt, unerschöpflich „überfließt" (Ps. Dionysius Areopagita), sich denen ausliefert, die sie ergreifen will. Ist Gott eher in diesem Sinn „der Größte", jenseits all dessen und über all das hinaus, was wir als „Größe" denken, uns vorstellen können? Und ist ihm gerade deshalb das Scheitern nicht fremd?

Nach einem kostbaren Wort *F. W. J. Schellings* ist das Höchste und Größte, über das hinaus nichts Größeres *geschehen* kann, die Selbstoffenbarung Gottes „in seiner Schwäche für den Menschen" (Philosophie der Offenbarung, Bd. 2, Darmstadt 1974, 26 f.). Gottes Schwäche setzt seine Macht nicht außer Kraft: „in dieser Schwäche ist er stärker als der Mensch. Sein Herz ist groß genug, um *alles* fähig zu seyn" (ebd.). Er ist „zu allem fähig"; nicht wie der Despot, der um seiner Machterhaltung willen die Umwelt einer ganzen Weltregion unwiderruflich schädigt und die Gegner im eigenen Land mit Gift und unvorstellbaren Torturen foltert. Gottes *Herz* ist zu allem fähig; seine Liebe vermag, was keine Macht sonst vermag: das Scheitern des anderen auszuhalten, es mit auszuhalten.

Sein Herz, seine Schwäche für die Menschen, sie sind anschaubar, greifbar in der vollkommenen Ikone Gottes, in dem, den seine Gemeinde als den „Erstgeborenen der ganzen Schöpfung", ja als den eingeborenen Sohn erkannte (2 Kor 4,4; Kol 1,15). Auf seinem Antlitz leuchtet die „Herrlichkeit" (die kabod) Gottes auf (2 Kor 4,6). Aber es ist das Gesicht eines Geschundenen, von den Menschen zu Tode Gefolterten, ein „Haupt voll Blut und Wunden", auf dem Gottes kabod erscheint – eine kaum erträgliche Zumutung im Rahmen einer „Gottesanschauung", die auf das klassische Bild der Vollkommenheit und Absolutheit Gottes fixiert ist. An seinem eingeborenen, gescheiterten Sohn wird mit letzter Konsequenz deutlich, daß Gott das Schwache in der Welt erwählt hat, „um das Starke zuschanden zu machen" (1 Kor 1,27); daß er den Schwachen, den Scheiternden erwählt, um an ihm in seiner Schwäche für die Menschen offenbar zu werden.

Die frühen Christen haben diesen Anstoß aufzunehmen versucht, da sie durch viele Wirrnisse und Mißverständnisse hindurch daran festhielten, daß in Jesus Christus wirklich Gottes Herz für die Menschen schlug, Gottes Wesenswort – der Logos – ausgesprochen ist und gesprochen bleibt. Eben deshalb fanden sie zu der befremdlichen und irritierenden Einsicht, dieser Scheiternde, in die Hand und die Gewalt der Menschen Gefallene sei *nicht weniger* Gott, als der „allmächtige Vater, der Schöpfer des Himmels und der Erde": Gottes Herz schlägt in einem Menschen. Aber es ist *Gottes* Herz; und so ist dieser Mensch die Greifbarkeit und Sichtbarkeit Gottes selbst, nichts Geringeres als Gott selbst, die „Inkarnation" seiner Schwäche für die Menschen.

Es ist schwer, hier nicht nur Widerspruch und Paradoxie zu hören und zu sehen. Kann man einem Scheiternden wirklich die kabod Gottes ansehen? Kann er die

Ikone Gottes sein – nicht obwohl er gescheitert ist (was dann mit seiner Auferweckung durch den Vater „korrigiert" worden wäre), sondern gerade weil er scheiterte und sich wie ein Lamm zur Schlachtbank führen ließ? Die Theologie, die Verkündigung, die Glaubenden, sie sind mit dieser Zumutung nicht „fertig" geworden; und sie sind ihr oft genug ausgewichen in die Phantasmagorie eines himmlischen Hofstaates mit einem „Großkönig-Gott" im Mittelpunkt und dem Kreuz als bloßem Zierat; mit einem Großkönig-Papst als irdischem Stellvertreter des Gekreuzigten.

Es macht die Spannung unserer Glaubensexistenz in den Fußspuren Jesu Christi aus, und es macht die Theologie „spannend", in diesem Widerspruch die Entsprechung zu suchen. Denen, die das nicht nur als intellektuelle Spannung nehmen und genießen, wird es geradezu zur Bedrängnis, wenn sie zu erspüren versuchen, warum es Gott zutiefst entspricht, uns in diesem Scheiternden zu begegnen, dieser scheiternde Mensch selbst zu sein; warum es ihm und uns zutiefst entspricht, daß in seinem Kreuz – im Scheitern – Heil ist.

Heil ist nicht – kann nicht sein – bei den Siegern, die mit ihrem Sieg die Niederlage der anderen besiegeln. Heil kann nur sein, weil sich in der Niederlage – im Scheitern – dieses Menschen die Stärke der Schwäche Gottes für die Menschen offenbart; weil Gott sich eben nicht fernhält von solchem Scheitern, sondern da ist, wo es geschieht – nicht als der scheitern Machende, sondern als der vom Scheitern mit Betroffene.

Das Seufzen des Geistes

Daß Gott, Heil und Scheitern zusammengehören, das ändert sich nicht mit dem „Triumph" der Auferweckung Jesu Christi, von dem der pfingstliche Gottesgeist ausströmt, die Menschen zu ergreifen, sie auf den Weg in den Fußspuren Jesu Christi zu locken. Gottes Geist ist

Gottes ansteckende Leidenschaft für das Leben, die Leidenschaft der aufrichtenden und zurechtbringenden Gerechtigkeit, Gottes leidenschaftliche Liebeskraft. Sie will anstecken, gewinnen; dafür gewinnen, Gottes Leidenschaft – seine „Passion" – mitzutragen, mitzuleben, sie zu *bezeugen.* Aber weil Gottes Geist ein gewinnender Geist ist – und nicht etwa eine mythische Wunderenergie –, deshalb ist er unvermeidlich verlierender, scheiternder Geist. Er läßt es darauf ankommen, daß sich die Menschen öffnen – oder verweigern; er läßt es auf ihren Glauben ankommen, darauf, daß sie sich bewegen und anstecken lassen von Gottes Leidenschaft, damit sie in ihnen wirke, wie es ihrem Wesen entspricht – damit die Angerufenen in sie einstimmen, sich ihr überlassen. Anders kann der Geist sie nicht als Mitliebende gewinnen.

Das ist gleichsam die Verlegenheit des Geistes, seine Schwäche, daß er nur wirken kann, was er wirken will, wenn er sein Scheitern riskiert; daß er nur zu seinem Ziel kommen kann, wenn es in der Macht des Menschen steht, sich ihm zu verweigern. Diese am Widerstand der Menschen scheitern könnende und unaufhörlich scheiternde (Ohn-)Macht der Leidenschaft Gottes – auch sie ist nicht weniger Gott, als der Vater „im Himmel" und sein eingeborener Sohn es sind. *Gott selbst* greift in dieser Leidenschaft nach den Menschen – und läßt sich abweisen; abweisen von denen, die seine Leidenschaft eben nur deshalb mitleben können, weil sie sich ihr auch verweigern können.

Der Jakobusbrief kann sogar davon sprechen, daß Gott sich im Menschen verausgabt, daß er sich „neidvoll nach dem Geist sehnt", der in den Menschen Wohnung genommen hat (4,5); danach, daß seine an die Menschen verschwendete Geistleidenschaft wieder zu ihm zurückfinde. Der in den Menschen, in der Schöpfung sich verausgabende, unterdrückte, fast erstickte Geist stöhnt nach Befreiung. Er stöhnt danach, daß er endlich wieder entfacht werde, daß er endlich sein Werk der Befreiung an den Menschen und der Schöpfung vollenden kann (vgl. Röm 8,18–23).

Macht und Ohnmacht des Gottesgeistes: auch mit dieser Spannung sind Theologie und Frömmigkeit nicht „fertig" geworden – zum Glück. Ist es denn zu begreifen, daß Gott sich vom Menschen – von seiner Zustimmung, von seiner Bereitschaft mitzulieben – abhängig macht? Daß er es auf den Menschen ankommen läßt? Daß er ihm die Macht läßt, Gott scheitern zu lassen? Ist der Mensch dann nicht die letzte, über Heil und Unheil entscheidende Instanz?

Die Gnadenlehre hat über viele Jahrhunderte hinweg mit diesem geradezu ausweglosen Problem gerungen. Und es ist ihr nicht immer gelungen, Macht und Ohnmacht des Gottes gleichermaßen zu ehren. Wo sie zu sehr bestrebt war, seine siegreiche Macht herauszustellen, da war der Mensch schließlich nur noch Objekt des göttlichen Heilsratschlusses – zu seinem Heil überwältigt; da gelang es kaum, das Mitbeteiligtsein des Menschen, sein Mitleben und Mitlieben mit und in Gottes Leidenschaft wirklich zu denken. Die schwer erträglichen Konsequenzen der Lehre von der doppelten Prädestination (Calvin) stehen für dieses theologische Scheitern. Wo man die Freiheit des Menschen als bloße Indifferenz- und Wahlfreiheit verstand und sie Gottes Werben gegenüberstellte, da schien es so, als könne der Mensch sich leidenschaftslos abwägend, kühl distanziert wählend zu Gottes nach ihm verlangender Leidenschaft verhalten – wo es doch allein darum geht, sich *anstecken* zu lassen.

Es ist nicht auf den Begriff zu bringen, wie Gottes wirkender Geist (in der Gnade) und des Menschen Mitwirken und Mitlieben miteinander und ineinander wirken. Es genügt zu wissen, daß alles Heilvolle *Gottes* Werk durch, an und mit dem Menschen ist, daß aber die Verweigerung, in der der Mensch Gottes Werk scheitern läßt, sein eigenes Werk ist.

Die Gemeinde der Glaubenden weiß sich als Werk

des Gottesgeistes im Mitwirken der von ihm Ergriffenen. Und es fällt ihr schwer, Macht und Ohnmacht des Heiligen Geistes mit dem Tun und Lassen der Kirche gleichermaßen zusammenzubringen. Ist die Kirche denn nicht eindrucksvolles Zeugnis für die siegreiche Kraft des Gottesgeistes in der Welt? Und hat sie – haben die Amtsträger in ihr – denn nicht Anteil an der Vollmacht des Geistes, wie sie sich in der Kirche so machtvoll und überzeugend manifestiert?

Sehr direkt zurückgefragt: Ist die Kirche nicht auch Zeugnis – oft bedrückendes Zeugnis – für die Ohnmacht des Gottesgeistes; dafür, daß er es auf die Menschen ankommen und sich von ihnen zum Scheitern bringen läßt? Und dies vielleicht gerade dort, wo man in der Kirche der schwer auszuhaltenden Ohnmacht des Gottesgeistes mit eigenen, sehr menschlichen Machtmitteln aufzuhelfen versucht? Es könnte ja durchaus so sein, daß ich die Vollmacht des Gottesgeistes legitim nur in Anspruch nehmen darf, wenn ich zugleich ernsthaft – bei mir selbst – mit dem Scheitern des Gottesgeistes an menschlicher Hartherzigkeit und Verblendung rechne. Muß es nicht so sein? Muß es nicht so sein, wenn man der Versuchung zu einer triumphalistischen Ekklesiologie widerstehen will?

Die Unterscheidung der Geister zwingt dazu, skeptisch zu sein gegen die selbstgewisse Zuversicht, das, was sich in der Kirche durchsetzt – was ich mit durchsetze –, sei automatisch Gottes Geist und nicht etwa Zeugnis seines Scheiterns. Was aus Gottes Geist ist, das zeigt sich – wie Paulus nicht müde wird einzuschärfen – allein daran, daß es die Gemeinde „auferbaut"; und eben nicht schon daran, daß es die Machtpositionen der Kirche auszubauen sucht. Unterscheidung tut not!

Christlicher Glaube und christliche Theologie versuchen das fast Unmögliche. Sie versuchen, „Gott, den Vater, den Allmächtigen, den Schöpfer des Himmels und der Erde“ in einem Atem zu nennen mit dem ihm „gleichwesentlichen“ Sohn, mit Jesus von Nazareth, der ohnmächtig scheitert unter den Händen der um ihrer Selbstbehauptung willen zu allem entschlossenen Menschen. Christen versuchen, Vater und Sohn in einem Atem zu nennen mit dem an menschlicher Hartherzigkeit und Machtbesessenheit immer wieder neu scheiternden Gottesgeist. Der scheiternde Jesus von Nazareth macht sichtbar, wie und wer Gott ist; die auf das Mitwirken und Einstimmen der Menschen setzende, die Menschen herauslockende und von ihnen so oft ausgelöschte Geistleidenschaft Gottes, sie bringt Gott und seine Macht zur Erfahrung; in ihr ist Gott im Menschen.

Der Vater, der es auf die Menschen ankommen läßt, weil er liebt; der Sohn, der es um seiner Sendung, um des Zur-Herrschaft-Kommens der Liebe willen auf sein tödliches Scheitern ankommen läßt, der Gottesgeist, der es darauf ankommen läßt, daß die Menschen sich von ihm – von Gottes Geistleidenschaft – entzünden lassen: Sie sind der eine Gott in den drei Personen. Der Glaube hält – nennt – sie zusammen, denn es ist Gott selbst, der in die Hand der Menschen fällt; es ist Gott selbst, den sie in sich auslöschen oder „brennen“ lassen. Die Glaubenden wissen, daß die drei Personen der eine Gott sind, in dessen Namen sie zusammenkommen; dessen Name geheiligt wird, wenn Gottes Geist in den Menschen und mit ihnen sein Werk tut.

Sie sind getauft auf den Namen des dreieinigen Gottes, und sie bezeichnen sich mit diesem Namen – etwa im Kreuzzeichen, dem Erkennungszeichen der Christen. Sie finden ihre Identität als die „Angehörigen“

dieses dreieinen Gottes, eines Gottes, der es auf sein Scheitern ankommen läßt.

Nicht als ob Gott scheitern *wollte.* Er will vielmehr, daß sein (Heils-)Wille geschieht, an uns und durch uns geschieht; er will, daß die Menschen das Leben haben und daß sie es in Fülle haben. Dazu spricht er sein Wesenswort; und es wird ein Mensch aus Fleisch und Blut und Herz, ein Mensch, in dem sein Herz schlägt. Dazu läßt er seinen Heiligen Geist über die Menschen kommen, die Menschen mit Gottes Leidenschaft anzustekken und für das Geschehen des göttlichen Wohlwollens zu gewinnen. Aber Gott *kann* scheitern. Und er scheitert, weil er es auf die Menschen ankommen läßt und gar nicht anders kann, als es auf sie ankommen zu lassen; das ist ja sein Wesen. Weil er ihrer Hartherzigkeit nicht aus dem Weg geht, weil er sie nicht draußen läßt aus der Beziehung, in der er ihnen nahekommen will.

Daß Gott, obwohl, ja *gerade weil er Gott ist,* scheitern kann und am Menschen scheitert, das versucht die Trinitätslehre zu verstehen. Sie hält Gott und das Scheitern des Sohnes und das Scheitern des Heiligen Geistes zusammen. Sie läßt sich nicht davon abbringen, das Scheitern des Sohnes und das Scheitern des Heiligen Geistes als das Scheitern *Gottes* zu verstehen – der Sohn und der Geist sind „nicht weniger Gott“ als der Vater, sie sind „seines Wesens“. Gottes Vollkommenheit ist für die Trinitätslehre nicht die Projektion einer „Großkönigs-Absolutheit“, an der die anderen scheitern, die den Großkönig selbst aber scheiternsunfähig sein läßt. Sie denkt Gottes Vollkommenheit und Allmacht als seine unüberwindliche und unermüdlich-unerschöpfliche Schwäche für den Menschen.

Seine Schwäche ist unüberwindlich. Sie gibt den Menschen nicht auf; sie gibt es nicht auf, die Menschen für das Geschehen des göttlichen Wohlwollens zu gewinnen. Sie gibt den gescheiterten Sohn nicht auf, und sie gibt den scheiternden Geist nicht auf. Gottes Allmacht offenbart sich als das schlechthin schöpferische Vermögen, im katastrophalen Zu-Ende-Scheitern den schlechthin verheißungsvollen Anfang gegenwärtig zu setzen: einen Anfang, der stets Verheißung bleibt und niemals anzufangen aufhört, weil er nie zu Ende geht, sondern immer mehr zu dem wird, was sich in ihm ankündigt. So hält die Trinitätslehre Gottes Vollkommenheit, sein Scheitern und die *Unüberwindlichkeit seiner Schwäche* für die Menschen zusammen. Sie versucht zu denken, daß es Gottes Wesen entspricht, in seiner Schwäche und seinem Scheitern den Menschen zum Heil unüberwindlich zu sein. Sie erlaubt zu denken, daß es dem Menschen zutiefst entspricht, daß es ihn rettet, in seinem Scheitern den neuen, „unverbrauchbaren" Anfang zu ergreifen, den Gottes Geist mit ihm wagen will – an diesen unverbrauchbaren Anfang, der von Menschen nicht zu Ende und ums Lebens zu bringen ist, zu glauben, in ihm zu leben.

Gottes Not

Dies alles im Blick, wird der christliche Glaube dann doch die Leitfrage verneinen. Im Durchschreiten auch der fürchterlichsten Niederlagen, im Annehmen und Durcharbeiten auch des abgründigsten Scheiterns bewährt sich Gott doch als Gott. Gerade darin ist er dann allein Gott, wohltuend anders als wir. Nicht das Kreuz, sondern die Auferstehung hat christlich das letzte Wort. Dieser Gott ging und geht die Leidensgeschichten der Menschen mit, sozusagen durch dick und dünn, um schließlich doch Gerechtigkeit und Frieden zu schaffen – allen Widerständen in uns und um uns zum Trotz. Jesus ist am Ende zwar wirklich ruiniert, wirklich gescheitert – aber als solcher ist er doch der Auferstandene. Und er bleibt es. Als der Verwundete ist er der Heiland. Als der Hingerichtete ist er zum Richter geworden, und weil nun das Opfer Recht spricht, schafft es wirklich Gerechtigkeit. In der Niederlage ist schließlich Sieg, in der Schwäche Stärke.

Da ist der Grund christlicher Hoffnung: Gott kann scheitern,ja, leider. Denn er ist treu und solidarisch in allem. Aber das Scheitern ist nicht das Letzte, auch gerade dies wird verwandelt und gleichsam umgeschmolzen im Osterglauben. Daraus ergeben sich höchst praktische Konsequenzen: zum einen ist Christsein das genaue Gegenteil von Leidverliebtheit, das Kontra zu allem Kokettieren mit Leid und Not. Nicht minder aber sind die Glaubenden stocknüchtern angesichts der harten Fakten auch von Ohnmacht und Niederlage, ohne jede Verdrängung, ohne Verharmlosung und Vertröstung, ohne pessimistisch-resignative Dramatisierung im Sinne der vier genannten Reaktionsweisen. Christlicher Glaube erklärt nichts, er verklärt nichts, er ist Hoffnungskraft und Widerstandsvermögen, hoffend wider alle Hoffnung. „Von allen Seiten werden wir bedrängt", sagte etwa Paulus in schwierigsten Situationen, „und doch finden wir Raum; wir wissen weder ein noch aus und verzweifeln dennoch nicht; wir sind ausweglos, doch nicht am Ende, werden gehetzt und sind doch nicht verlassen ..." (2 Kor 4,7ff.). Und an anderer Stelle: „In alles und jedes bin ich eingeweiht: in Sattsein und Hunger, Überfluß und Entbehrung" (Phil 4,12), in Stärke und Schwäche, in Leben und Tod. „Alles vermag ich durch ihn, Gott in Christus, der mir die Kraft und Dynamik gibt." Es gilt also gerade in der Logik des Glaubens, alle Ursachen des Leidens zu erforschen und, wo immer möglich, zu beseitigen. Es gilt nachzuschauen, woher die Niederlagen kommen, welches Macht- und Unterdrükkungsgefälle sich darin spiegelt und was daraus zu lernen und zu machen ist, in durchaus therapeutischer und politischer Absicht und Arbeit. Aber in allem wissen wir, daß auch die Niederlagen der Ort von Gottes Kommen sind, das Material seiner Gegenwart also. Nichts ist gottlos, auch das Dunkelste im Leben nicht. So gesehen, lädt der christliche Glaube dazu ein, sich des armen Gottes in der Welt anzunehmen, seine Not mitzutragen und schöpferisch bewältigen zu helfen. Nicht die Menschennot vor ihm ist das letzte Thema des Glaubens, sondern Gottes Not mit uns in dieser Welt – das Geheimnis seiner Schwäche für den Menschen. Er braucht uns, er will uns nötig haben, er will unseres Beistandes und unserer Mitarbeit bedürfen.

III. Scheitert die Kirche?

Eine Erfolgsstory, die zu Ende geht?

So hat man uns die Kirche sehen gelehrt: als das Haus voll Glorie, das auf die Niederungen der Umtriebe, der kurzfristig glückenden und doch über kurz oder lang scheiternden Unternehmungen dieser Weltzeit herniederschaut – von allem Scheitern unberührt, die Generationen und Dynastien überdauernd. Auch nichtkatholische Betrachter der „Weltgeschichte" haben es so gesehen; als Beispiel sei der berühmte englische Historiker und Politiker *Thomas B. Macauly* (1800–1859) angeführt, den noch *Karl Adam* in seinem „Wesen des Katholizismus" mit Stolz zitiert (Düsseldorf [4]1927, 16f.):

„Es steht kein zweites Institut mehr aufrecht, das den Geist in die Zeiten zurückversetzte, die aus dem Pantheon den Rauch der Opfer aufsteigen und im Amphitheater Vespasians Tiger und Kameloparden springen sahen. Mit der Linie der Päpste verglichen sind die stolzesten Königshäuser von gestern. Diese Linie läßt sich in einer ununterbrochenen Reihenfolge von dem Papst, der im 19. Jahrhundert Napoleon krönte, bis auf den Papst zurückführen, der im 8. Jahrhundert Pippin salbte ... Noch heutigentags sendet die katholische Kirche bis zu den fernsten Weltenden Glaubensboten ... und noch immer treten die Päpste feindlichen Machthabern so mutig entgegen wie Leo I. Attila. Noch tritt kein Zeichen hervor, welches andeutete, daß das Ende ihrer langen Herrschaft herannahte. Sie sah den Anfang aller Regierungen und aller Kirchen, die es gegenwärtig in der Welt gibt, und wir möchten nicht verbürgen, daß sie nicht auch das Ende von allem erlebte ...Und sie mag noch in ungeschwächter Kraft bestehen, wenn dereinst ein Reisender aus Neuseeland inmitten einer unermeßlichen Wüstenei auf einem zertrümmerten Pfeiler der Londoner Brücke seinen Standpunkt nimmt, um die Ruinen der Paulskirche zu zeichnen."

Wir sind nicht mehr so sicher, daß Macauly recht behält; „wir" in der alten Welt, im alten Europa. In einer alt gewordenen Kirche? Hat das Scheitern am Ende des zweiten Jahrtausends nach Christus nicht auch die Kirche erfaßt? Geht in unseren Tagen nicht eine „Erfolgsstory" zu Ende, die in der Weltgeschichte tatsächlich einzigartig dasteht; ein Triumphzug, der freilich – wir wissen es – über erschreckend viele Leichen hinweggeführt hat?

Wir können solche Fragen nicht mit dem nüchternen Diagnoseblick eines Historikers stellen. Sie stellen uns ja selbst zutiefst in Frage. Tagtäglich erfahren wir es, daß kaum noch etwas weitergeht in der Glaubensvermittlung, daß kaum noch etwas davon aufgenommen wird, was wir „weitergeben" wollen. Wir fühlen uns manchmal wie Staffelläufer, die sich die Seele aus dem Leib rennen, aber niemanden vor sich sehen, dem sie den Stab in die Hand drücken könnten. Sind wir die „Letzten", die letzten Christen? Sind wir es, die da scheitern, die das Erbe verschleudern – oder: die es vergraben haben, um kein Risiko einzugehen?

Das Gleichnis von den „Talenten" (Mt 25,14–30; Lk 19,11–27) trifft ja vielleicht auch in diese Situation. Stellt es uns nicht vor die Frage, wie wir unsere Rolle verstehen und ausfüllen, mit der uns anvertrauten „Tradition" des Glaubens umzugehen? Sie ist uns – wie es das lateinische Wort sagt – *übergeben*. Und wir sind ganz offensichtlich in der Gefahr, ihr nicht mehr gerecht zu werden, sie zu *verraten* – das lateinische Wort „tradere" steht ja eben auch für Verrat; ein verblüffender, vielleicht aufschlußreicher Doppelsinn in der Rede von

„Tradition“. Scheitert die Kirche durch uns und mit uns, weil wir die lebendige Tradition des Glaubens, von der sie lebt, verraten – weil wir sie vergraben? Weil wir zu wenig mit ihr anfangen wollen und riskieren, weil wir lieber auf Nummer sicher gehen nach dem Motto: Wer das ihm Übergebene hinreichend sichert, der kann es wenigstens nicht verlieren?

Das Gleichnis stößt uns darauf, wie abgründig dieses Mißverständnis ist. Das Geschenk des Glaubens ist von der Art, daß man mit ihm „wuchern“ und „arbeiten“, daß man sich von ihm in Anspruch nehmen lassen muß. Wer nur auf Nummer sicher geht, der verrät die Lebenskraft des Glaubens; der traut ihr nicht zu, sich in neuen Situationen überraschend neu zu bewähren. Die Sicherheitsideologie des Vorsichtigen ist – wie das Gleichnis deutlich macht – von der Angst geprägt; von der Angst, nur ja keine Fehler zu machen. Ist diese Angst der Aufgabe angemessen, die Lebenskraft des Glaubens zu bezeugen? Ist sie dem gegenüber angezeigt, der uns das Geschenk des Glaubens gemacht hat und uns für die Weitergabe dieses Geschenks in Anspruch nimmt?

Aber die religiöse Leichtsinnsideologie ist auch nicht besser als diese zwanghafte Sicherheitsideologie. Man kann die lebendige Glaubenstradition auch verraten, indem man sie zu Ausverkaufspreisen verramscht; indem man sie gerade noch als willkommenen Beitrag zu den eben verhandelten „großen Lebensfragen“ loszuwerden versucht. Schnell kommt es dann dazu, daß der Glaube nur noch als unplausible Verdoppelung dessen erscheint, was die „Fortschrittlichen“ sich leicht auch selber sagen können, ohne auf den Beitrag der Christen angewiesen zu sein. Die Christen sagen dann, was alle sagen; und sie sind froh, daß sie es nun auch sagen können; daß sie dabeisein dürfen bei denen, die das große Wort führen. Irgendwo zwischen den Verlockungen der Sicherheits- und der Leichtsinnsideologie suchen wir unseren Weg; mißtrauisch gegen Patentrezepte, aber oft auch mutlos und unsicher, ob es überhaupt weitergehen wird.

Dahinter wartet die noch dunklere und zutiefst irritierende Frage: Geht es mit Gott zu Ende in dieser Welt? Haben wir auf die falsche Karte gesetzt?

Man möchte solche bösen Ahnungen schnell wegwischen wie einen mitternächtlichen Spuk. Aber die Anfechtung bleibt; und mit ihr zumindest diese Frage: Was geht hier zu Ende – mitten unter uns und vielleicht durch uns? Die Volkskirche – eine Form des Christentums, und welche – das christentümlich geprägte Europa – eine hochdifferenzierte, vielleicht überdifferenzierte Kirchenorganisation – eine geistliche Herrschaftsideologie – das „Kopfchristentum"? Gewiß, das ist die typische Perspektive der Alten Welt, vielleicht eine eurozentrische Verkürzung. In anderen Weltgegenden geschieht offenbar anderes. Und so gibt es viele, die sich wünschen, daß das alles hier zu Ende geht; auch solche, die immer schon mit dem Christentum abgeschlossen haben und sich nur wundern, warum alles so langsam geht. Gibt es nicht auch unter den Glaubenden viele, die sich danach sehnen, daß es zu Ende geht, damit ein Neuanfang im Namen Jesu Christi möglich wird? Mitzuscheitern bei diesem großen Scheitern, das ist unendlich schwer. Man möchte mit seinem Denken, Fühlen und Glauben schon darüber hinaus sein. Versucht da vielleicht nicht so mancher, sich in eine Flucht nach vorne zu retten, um nicht scheitern zu müssen und rechtzeitig auf seiten der Sieger zu stehen?

Die Sinnfalle

Wir haben Verarbeitungsmuster entwickelt, die uns das Scheitern in (an) und mit der Kirche einigermaßen aushalten lassen. Und sie sind ja auch alle verständlich. Einige seien genannt:

– Erfolg ist keiner der Namen Gottes – und kann

nicht Maxime unseres seelsorgerischen Handelns, nicht der Horizont unserer Hoffnung sein. Ist das Scheitern – mein Scheitern – nicht die Chance, meine Erfolgsfixiertheit hinter mir zu lassen; bereit zu werden, für die dazusein, die da sind, und nicht immer nur zu klagen, weil so viele nicht da sind? Ist das Scheitern nicht eine Herausforderung an mich, meine Pflicht zu tun und wirklich herzugeben, in Gottes Hand zu legen, was ich tun kann; in gelassenem Vertrauen darauf, daß er das Rechte daraus zu machen weiß?

– Außerdem ist es ja gewiß so, daß ich aus meinem Scheitern lernen kann; daß ich lernen kann, es in Zukunft anders zu machen, wenn ich nur die Gründe entdecke, warum ich gescheitert bin. Lernen setzt die Bereitschaft zu Versuch und Irrtum voraus; und gerade am Irrtum – am Scheitern – lernt man. Warum also sich beklagen?

– Das Scheitern deckt auf, was nicht stimmt – in der Kirche, in der Glaubensvermittlung, in der Theologie, in der Pastoral; stellt uns vor die Notwendigkeit, die Verantwortlichkeiten zu klären und zu fragen, wer was zu verantworten hat. Schuldzuweisungen (an die Hierarchie, die Lehrer, die Theologen, den Klerus, die verkopften Intellektuellen) mögen oft pure Entlastungsversuche auf Kosten von Sündenböcken sein. Sie können aber auch einen mitunter heilsamen Zwang ausüben: den Zwang, sich der Verantwortung zu stellen. Sie werden freilich nur heilsam sein, wenn man sich durch noch so berechtigte Gegenvorwürfe nicht blind macht für das, was ich/was wir zu verantworten haben.

– Scheitern legt offen, was nicht so bleiben kann, was sich „überlebt" hat und aufgegeben werden muß. Allzu schnell stellt sich hier freilich der Fluchtreflex ein nach dem schon erwähnten Schema: Die anderen mit ihrem Festhaltenwollen und Nicht-aufgeben-Können, sie sind gescheitert. Ich nicht, denn ich habe mich längst gelöst von dem, was da zu Ende geht. Ich kann es leichten Herzens aufgeben.

Das Scheitern muß doch einen „Sinn“ haben! Und wenn ich um diesen Sinn weiß, dann bin ich gleichsam schon über das Scheitern, über die Niederlage hinaus – aufgehoben in einem größeren „Sinnzusammenhang“, für den mein/unser Scheitern gut ist. So gibt es die asketischen, die pädagogischen, die kirchenpolitischen und kirchenkritischen Verarbeitungen und Instrumentalisierungen von Scheitern, und alle haben sie ihren „Sinn“. Aber lassen sie uns zum „Kern der Sache“ kommen, das Scheitern wirklich als mein/unser Scheitern wahrnehmen? Oder helfen sie uns im letzten doch nur, uns „herauszuhalten“, nicht mitzuscheitern, nicht in das verwikkelt zu sein, was da zu Ende geht?

Vielleicht reden wir Theologen, vielleicht redet die Verkündigung zu schnell und zuviel vom Sinn. Wer das tut, der ist mit seinen Augen, mit seinem Denken immer schon beim „Ganzen“, in dem alles wieder stimmt und alles „wieder gut“ ist – eben auch mein/unser Scheitern hier und jetzt. *Theodor W. Adorno* hat die Philosophen davor gewarnt, mit ihrem Denken – überhaupt oder zu schnell? – bei diesem allversöhnenden Ganzen zu sein. Es wäre nicht – wie Hegel meinte – das Wahre, sondern die Lüge, weil es uns leichtfüßig über das hinweggehen läßt, was uns stolpern lassen müßte. Adorno fürchtete das sinnstiftende Ganze, das uns – die dem Ganzen Verpflichteten und ihm Dienenden – die Opfer, das Scheitern, das Draufzahlenmüssen der anderen als unvermeidlichen Preis rechtfertigen läßt; das uns – Wissen ist Macht – wissen und darüber entscheiden läßt, wer warum scheitert, wer sich zu den „Fehlversuchen“ rechnen lassen muß und deshalb „abgelöst“ werden muß.

Das „Sinnwissen“ kann zur „Sinnfalle“ werden; es kann uns einsperren in unsere Vorurteile darüber, was jeweils sinnvoll und was sinnlos wäre. Es kann uns einsperren in unsere enttäuschungsresistenten „Sinnsysteme“. Wer den Sinn „hat“, der hat den großen Überblick, der weiß, warum; der weiß, warum und wo die anderen scheitern; der scheitert selbst nicht. Wer immer schon und im Handumdrehen weiß, warum, der ist zu schnell hinweggegangen über das Scheitern, der hat sich zu schnell in Sicherheit gebracht – in die Sicherheit seines unbeschädigten Sinns; der will sich heraushalten, vielleicht weil er nichts *mehr* fürchtet als dies: mitzuscheitern. So rettet sich, wer kann; wer es sich leisten kann, nur die jeweils anderen scheitern zu sehen; wer es sich leisten kann, sich herauszuhalten, die Augen und die Sinne davor zu verschließen, wie das ist: scheitern – auf der Strecke bleiben, nicht Ankommen – und wo es geschieht. Können wir uns das leisten?

Scheitern (lassen)

Ecclesia semper ruina, semper reformanda – die Kirche, bleibend auf Christus gegründet, scheitert immer wieder; sie muß aus Ruinen immer wieder neu gebaut werden, sich erbauen lassen. So sagten manche Kirchenväter, so sagte es zugespitzt *Martin Luther*. Die katholische Kirche hat sich nicht leicht so sehen können, weiß sie sich doch bei all ihrer Reformbedürftigkeit umfangen und getragen vom definitiven Beistand des Heiligen Geistes. Nicht, daß es das nicht gäbe: Scheitern in der Kirche. Da kann eine römische Kongregation schon einmal feststellen, daß ein Experiment „gescheitert" sei (wie etwa das „Experiment" der „Laienpredigt"), so daß es nicht fortgesetzt werden dürfe. Den Beteiligten mag es zwar so vorgekommen sein, als sei gerade dieses Experiment überaus glücklich verlaufen und als sei vielmehr ein kirchenamtliches Vorurteil gescheitert, so etwas könne gar nicht gutgehen. Aber wer die Definitionsmacht hat, der kann offenbar auch definieren, was und wer gescheitert ist – und wer nicht. Kann das auf Dauer gutgehen – immer nur die als gescheitert zu definieren, deren Weg, deren Versuche man nur notgedrungen, wenn überhaupt, „ad experimentum" zuließ? Kann das gutgehen, sich im Scheitern der „anderen" immer nur bestätigt zu sehen? – Man hatte alles längst schon so kommen sehen! Wer vom einzig rechten Weg, den wir kennen, abweicht, der muß ja scheitern!

Die Wahrscheinlichkeit ist jedenfalls groß, daß man die, die man so vorhersehbar scheitern sieht, selbst hat scheitern lassen. Niemand setzt sich gern der Frage aus, wo und wie er – der offenkundig nicht Scheiternde, ja vom Scheitern des andern Bestätigte – gegen den Augenschein mitscheitert, das Scheitern des anderen geradezu mit provozierte. Wer sich dieser Frage stellt, der müßte sich die Machtfrage stellen; der müßte damit rechnen, daß die eigene Machtausübung mit im verhängnisvollen Spiel war bei diesem Scheitern. Aber die Machtfrage ist in der Kirche tabuisiert, geradezu verboten – sofern es um die Kirche geht. Wer in der Kirche von Macht und Machtausübung spricht, der muß sich von aufgebrachten Kollegen und Amtsträgern belehren lassen, Macht sei keine ekklesiologische Kategorie, in der Kirche werde nicht Macht ausgeübt, sondern „Vollmacht“, und die Vollmacht sei allein zum Dienst gegeben.

Man könnte dieser Auseinandersetzung um die Machtfrage getrost den Rücken kehren, wenn es nur darum ginge, sich gegen die ekklesiologische Verschleierung sehr konkreten Machtmißbrauchs in der Kirche zu wehren. Aber die ekklesiologische Problematik und Dramatik der Machtfrage geht ja tiefer: Wer sich nicht als „Machthaber“ beschreiben läßt, der schließt von vornherein aus, daß andere *an ihm* scheitern. Das Scheitern ist dann eben *deren* Problem. In ihrem „harten Kern“ ist Macht das Vermögen, andere – ihren Willen, ihre Vorhaben, ihre Initiative – an meinem Willen scheitern zu lassen. Wenn es in der Kirche diese Macht und ihre Ausübung tatsächlich nicht gäbe, sondern allein Vollmacht – die kreative, gründende und hervorbringende Macht –, so wäre das Scheitern in der Kirche immer nur das Problem der vielen einzelnen; so gäbe es gewiß das Scheitern *in* der Kirche, niemals aber das Scheitern *an* der Kirche. Vieles spricht dafür, daß die

Verdrängung der innerkirchlichen Machtfrage unbewußt im Dienst einer abgründigen Scheiternsverdrängung steht. Dann müßte diese Abwehr um einer *menschlicheren* Kirche willen der Kritik unterzogen und durchgearbeitet werden.

Macht-Anschauung

Wo Menschen leben, da ist Macht und Machtwille. Wo Menschen zueinander in Beziehung treten und miteinander sich verhalten, entsteht Angst. Beides gilt auch für Christen, auch für Kirchen. Ja, der christliche Glaube kann als Einladung verstanden werden, ein neues, produktives und kommuniales Verhältnis zu Macht und Angst allererst zu gewinnen. Um so verdächtiger muß es erscheinen, worauf wir schon hingewiesen haben, daß im Raum der Kirche das Problem der Macht, jedenfalls gegenwärtig, kaum durchsichtig gemacht und offengelegt wird. Ebenso problematisch ist es, daß hier ein menschliches Grundphänomen wie das der Aggression eher verdrängt erscheint, jedenfalls auffällig wenig thematisiert wird. Alle genannten Phänomene sind ja durchaus ambivalent: Macht kann zum Guten wie zum Bösen gebraucht werden; es gibt schöpferische und destruktive Aggression; Angst kann ein höchst hilfreiches Warnsignal sein, aber auch ein lähmendes Diktat.

Unter Christen herrscht wie selbstverständlich eine Bereitschaft zum Dienen: Alle scheinen, zumal seit dem Konzil, zum Dienen verpflichtet. Glaubt man der Theorie, sieht es so aus: Niemand hat Macht, niemand will Macht, einige haben Voll-Macht, aber das ist dann Dienst in Potenz. Als Inbegriff dessen, was Jesus empfohlen und vorgelebt hat, sowie als Zielvorstellung ist solche dienstbereite Selbstlosigkeit für Christsein in der Tat zentral. Aber bis sie konkret gelingt, ist es ein weiter Weg. Bevor jemand im Sinne Jesu dienen will und dann auch dienen kann, müssen ja schon fundamentale Bekehrungen und Verhaltenseinstellungen gelungen sein. Und das ist eine unendliche Geschichte! Der Start auf diesem geistlichen Weg ist allemal bestimmt durch das Phänomen des Machtwillens. Wo Menschen sind, brauchen sie Raum, wollen sie Einfluß, üben sie Macht aus – wie gesagt: durchaus zum Guten, aber oft auch zum Bösen. Wo dieser Machtwille verdrängt und also nicht gebändigt und sozialisiert wird, wo er sich gleichsam selbständig macht oder sich gar unter dem Deckmantel frommer Dienstbereitschaft durchsetzt, kommt es zu spezifischen Verhaltensweisen von Macht und Ohnmacht, von Gewalttätigkeit und Unterdrückung. Nur wenn wir glaubend Anteil gewinnen am Geheimnis jener Allmacht (Gottes), die sich in der Ohnmacht bedingungsloser Liebe und auf dem Wege seines Christus zeigt, können wir in ebenso empathischer wie konfliktfähiger Güte miteinander umgehen lernen. Nur wenn wir unseren Willen zur Macht anschauen lassen und gleichsam geistlich kultivieren, wenn wir unsere kainitischen Einstellungen anschauen (Gewalt-Anschauung) und uns bekehren lassen, kommt es zu jener Zivilisation der Liebe und des selbstlosen Dienstes, die von Gott verheißen und gewollt ist, die allein er unter uns ermöglichen kann.

Sähe es nicht in unserer Kirche oft gütiger aus, wenn Macht transparenter geteilt und mitgeteilt würde? Ist nicht *eine* Not des kirchlichen Amtes, wie wir es ausgeübt erfahren und theologisch gedeutet sehen, daß in ihm die Macht-Thematik nicht offen auf den Tisch des (kirchlichen) Hauses kommt und also verwandelt werden könnte? Üben nicht z. B. Priester, wenn sie Gottesdiensten vorstehen, Macht aus? Ist ihnen dies bewußt, und wie wird dies kommunial bewältigt? Sind nicht jene, „die das Sagen haben“, immer die Mächtigen? Sie bestimmen die Themen und Tagesordnungen, sie geben wortwörtlich den Ton an, und dies kann durchaus zum Guten sein. Wo aber alle, im Wortsinn (!), zur Mündigkeit berufen sind, ist es wichtig, daß auch alles, was die

Gemeinschaft der Glaubenden bewegt und was an der Zeit ist, zur Sprache kommen darf, ohne zensuriert und einseitig ausgefiltert zu werden. Wie bedauerlich wäre es, wenn dringliche und begründete Fragestellungen nicht zum Zuge kämen! Wenn notwendige gemeinsame Überlegungen aus Konfliktangst oder Machtwillen vermieden blieben? Wenn Menschen begründet das Gefühl haben müssen, daß ihre Anfragen und Erfahrungen nicht erwünscht sind, wenn sie als ärgerliche Störenfriede empfunden werden und sich gleichsam von außen aufdrängen müssen. Nicht minder tragisch umgekehrt, wenn „von oben nach unten" dieselben Abwehrmechanismen und Kontaktbarrieren aufgebaut werden. Nochmals: Macht ist ambivalent, und Führung ist durchaus zum Guten gedacht. Das Amt in der Kirche etwa ist von besonderer Bedeutung, denn der Glaube kommt vom Hören, und hören heißt sich etwas – Gottes Evangelium – sagen und gesagt sein lassen. Freilich zeigt sich gerade hierin die Kraft des christlichen Glaubens, daß nämlich Macht geteilt und daß wechselseitige Lehr- und Lernvorgänge in Gang gehalten werden. Immer ist die Gefahr gegeben, daß, selbst unter frommsten Vorzeichen, Machtwille sich als Dienstbereitschaft kaschiert.

Macht nicht dies oft die Verständigung zwischen Priestern und Laien so schwer? Ist nicht die Erfahrung des Scheiterns, wie sie vielleicht vor allem Laien und dann noch einmal mehr Frauen machen, auch dadurch geprägt und bedingt? Dann schottet man sich gegenseitig ab, macht sich fertig, entwickelt unverrückbare Bilder, ja Feindbilder, voneinander, und am Ende wird aus der nicht zugelassenen und nicht geteilten Macht subkutane Gewalt. Immer entsteht ja Gewalt dort, wo Macht nicht transparent gestaltet und Angst voreinander nicht kommunikativ bewältigt wird. Geht es nicht oft in der Kirche und in den Gemeinden genauso zu wie im säkularen und weltlichen Bereich? Da heißt es immer, daß es um die Sache geht, um die Wahrheit, um das Evangelium. Aber bei Licht besehen, ist viel Eigeninteresse, Durchsetzungswille am Werk, oft genug auf Kosten anderer. Und die Schwächeren müssen sich dann, wortwörtlich, „geschlagen geben“.

Eng mit der Thematik von Macht und Gewalt hängt die Angst zusammen: Es gibt z. B. die Angst, die eigene Macht und Potenz überhaupt zuzulassen und zu spüren. Das führt zur Flucht vor Verantwortung, aber auch zu Herrschsucht und Imponiergehabe. Oft wird diese Angst auch fromm bemäntelt oder religiös überhöht. Da ist auch die Angst vor den „Potenten“ und Potentaten, die uns treffen und verletzen können. Oft wird sie hemmungslos ausgenützt und mehr oder weniger gezielt zur Selbstbehauptung eingesetzt. Da ist die Angst vor Bestrafung, vor Ausgrenzung. Sie wird oft dazu mißbraucht, sich Unbequemes und Unbequeme vom Leib zu halten. Da ist auch die Angst, nicht gehört und beachtet zu werden – an der Verschlossenheit der anderen zu scheitern und keinen Zugang zu finden. Vielleicht ist gerade sie besonders bezeichnend für die Atmosphäre in der heutigen Kirche.

Scheitern an der Kirche?

Den andern scheitern lassen, das heißt: ihn „auflaufen“ oder ins Leere laufen lassen; dafür sorgen, daß seine Anliegen, Vorhaben und Initiativen verpuffen, daß seine Anstrengung und sein Einsatz nutzlos bleiben. Als gescheitert erfährt sich, wer sich nutzlos, überflüssig oder gar als Störenfried vorkommt bei dem „Spiel“, bei dem er doch mittun wollte, wer rettungslos „draußen“ ist – wem man nicht einmal mehr zuhört. Daß man mir nicht zuhört, weil man auf meine Äußerung keinen Wert legt, das ist wohl die häufigste Scheiternserfahrung – gerade in der Kirche, vielleicht die schlimmste Erfahrung innerkirchlicher Machtausübung überhaupt.

Die traditionelle Unterscheidung des Volkes Gottes in *ecclesia docens* (lehrende und redende Kirche, die Kirche der Amtsträger) und *ecclesia audiens* (hörende, bloß zuhörende Kirche, die Kirche der „Laien“) hat sich über die Reformversuche des Zweiten Vatikanischen Konzils hinaus gehalten. Es mag hart klingen, aber vielfach ist es so: Die lehrende Kirche hört schlecht, und der hörenden Kirche traut man kaum zu, daß sie etwas zu sagen hat. Zugegeben: die Amtsträger nehmen sich viel Zeit fürs Zuhören. Aber im Vertrauen sagen einem viele, sie hielten das für verschwendete, in den Gremien nutzlos abgesessene Zeit. Und die Mitglieder der hörenden Kirche gewinnen den Eindruck, man höre ihnen gar nicht zu. Argumente und Vorschläge bewegen nicht das Geringste, locken nicht einmal mehr ernsthafte Gegenargumente hervor – sondern allenfalls ein leicht genervtes und kaum verhohlenes „Laßt uns halt endlich in Ruhe, wir haben Wichtigeres zu tun!“ Zwar gehört es zum Idealbild eines guten Hirten, daß er zuhören kann. Aber die viele entmutigende Erfahrung ist, daß Zuhören-Können vielfach gleichbedeutend zu sein scheint mit mehr oder weniger freundlicher Unzugänglichkeit und Unerreichbarkeit.

Es wird ja auch so viel geredet. Man kann doch nicht auf alles hören! Dieser Stoßseufzer ist nur allzu verständlich. Aber entschuldigt er, was viele erleben und manche in ihrer kirchlichen Berufung, ziemlich viele in ihrem innerkirchlichen Einsatz scheitern läßt? Entschuldigt es die vielen Ohren auf Durchzug, die so viel Initiative und Engagement einfach ins Leere laufen lassen:

– den vergeblichen Versuch der Priester und Religionslehrer, denen „da oben“ zu vermitteln und mit ihnen darüber ins Gespräch zu kommen, was vor Ort los ist; die Bischöfe haben ja so viele andere Termine, daß sie nur zur feierlichen Eröffnung oder zum Schlußgottesdienst der Tagung dasein können und beim abschließenden Essen natürlich am Honoratiorentisch sitzen und Konversation machen müssen;

– den vergeblichen Versuch der Laienmitarbeiter, insbesondere der Frauen, zum Conveniat der Kleriker zugelassen zu werden oder in der Planung der Seelsorge mit ihren je eigenen Charismen Berücksichtigung zu finden; die sollen doch froh sein, daß sie überhaupt eine Stelle bekommen haben, und wenn man sie braucht, sind sie immer gerade nicht da;

– die vergeblichen Versuche so vieler „einfacher" Gemeindemitglieder, in der Gemeinde mehr sein zu dürfen als der verlängerte Arm des Herrn Pfarrer, zu Hilfe gerufen für all das, was der Pfarrer nicht selbst tun kann oder tun will, aber im Grunde eben doch nur als Erfüllungsgehilfe; wenn wir mit denen immer auch noch diskutieren müssen, können wir es ja gleich selbst machen;

– die vergeblichen Versuche der Jugendlichen, mit den Seelsorgern über Glaubensfragen oder kirchliche Normen ins Gespräch zu kommen und argumentativ ernst genommen zu werden; so einfach und einseitig, wie Ihr das seht, ist es nun einmal nicht.

Glücklicherweise ist es in der Kirche beileibe nicht immer so. Aber oft genug scheitern Amtsträger und Laien aneinander; erfahren Priester und Laien, daß man sie so, wie sie sind, eigentlich nicht möchte; daß man das, was sie sagen und bewegen wollen, so nicht hören und haben will und es deshalb lieber überhört und ins Leere laufen läßt; daß sie so, wie sie sind, eigentlich doch nur stören.

In den offiziellen Erklärungen und Verlautbarungen liest man es anders: Da sind die Laien gefragt; da legt man Wert auf die Mitsprache der Seelsorger vor Ort. Die Laien sind wichtig – weil es ohne sie nicht geht; sie sind um so willkommener, je weniger man damit rechnen muß, daß sie mit Sachkompetenz dreinreden. Den Priestern bietet man das mitbrüderliche Gespräch an und bittet sie um ihre Mitsorge. Aber im Konfliktfall zeigt sich schnell: Die Mitwirkung der Laien darf nicht zu weit gehen, nicht so weit, daß Mitbestimmung daraus würde. Die Mitsorge der priesterlichen Mitbrüder kann nicht bedeuten, daß man ihnen Transparenz der Entscheidungen zugesteht oder nachvollziehbare Argumente nennt.

Scheitern in der Kirche ist vorprogrammiert, wenn der gute Wille keine Früchte bringen darf, weil man von vornherein zu wissen meint, von welcher Sorte diese Früchte sein müssen; wenn der Einsatz immer wieder „aufläuft“. Jeder und jede kennt wohl in seiner Umgebung Frauen und Männer, junge Menschen, die für sich die Konsequenz gezogen haben nach dem Motto „Gehen, wenn nichts mehr geht“. Und für die, die bleiben, ist es nun doppelt schwer, dieses Scheitern auszuhalten, das Scheitern nicht so sehr derer, die weggegangen sind, sondern der Gemeinden am Ort, ja der Kirche insgesamt in ihrer Sendung.

Man kann es sich auch leicht machen und die Diagnose stellen: Wer wegen so geringfügiger Anlässe geht, bei dem hat der kirchliche Glaube wohl kaum tiefere Wurzeln geschlagen; im Klartext: eigentlich ist es nicht schade um ihn, jetzt haben wir wenigstens unsere Ruhe vor ihm (vor ihr). Noch einmal: Wer scheitert, wenn diese Art der Ruhe um sich greift? Vieles spricht für die Befürchtung, daß diese „Ruhe“, daß dieses Scheitern immer dramatischere Formen annehmen wird; daß das Scheitern an der Kirche sich immer unabweisbarer als das Scheitern der Kirche herausstellen wird. Eine christliche Kirche, die die Charismenlehre des Apostels Paulus nur auf dem Papier stehen ließe, in Wirklichkeit aber an Zentralismus und Klerikalismus „glaubte“, wäre auch dann gescheitert, wenn sie ihr Konzept durchsetzen könnte. Aber es läßt sich eben immer weniger durchsetzen bzw. genauer: der Versuch, es durchzusetzen, kostet immer mehr „Opfer“, bringt immer mehr dazu, zu gehen, weil nichts mehr geht. Wer nach der – vor allem ehrenamtlichen – Mitarbeit der Laien verlangt, weil es eben nicht mehr genug Priester gibt, der wird sich nicht wundern dürfen, daß immer mehr Laien sich weigern, nur der verlängerte Arm der Hierarchie zu sein, daß sie ihre Mitarbeit als Mitgestaltung verstehen und sich an diesem Punkt nicht grenzenlos frustrieren lassen wollen. Der wird sich nicht wundern dürfen darüber, daß auch „einfache“ Laien die Möglichkeit haben, Amtsträger scheitern zu lassen – weil es Grenzen der Zumutbarkeit auch in der Kirche gibt.

Ist die Kirche an einem Wendepunkt angekommen, an dem der Kurs überdacht und ehrlich gefragt werden müßte, wer da scheitert: die Kirche oder die lautlos und resigniert Wegbleibenden? Wäre die Kirche noch auf dem rechten Weg, wenn sie auf ihrem Weg einfach weiterginge, ohne sich von denen irritieren zu lassen, die nicht länger mitgehen wollen?

Kann die Kirche scheitern?

Die Weg-Metapher ist für das Selbstverständnis der Kirche als „Volk Gottes“ seit dem Zweiten Vatikanischen Konzil wieder wichtig geworden. Und an ihr läßt sich vielleicht auch erspüren, was das Scheitern in der Kirche, an ihr und für sie bedeutet.

Die Kirchenkonstitution „Lumen gentium“ nennt die Kirche das „pilgernde“ Volk Gottes (vgl. etwa 14) und spricht so von ihrem Pilgerweg:„Auf ihrem Weg durch Prüfungen und Trübsal wird die Kirche durch die Kraft der ihr vom Herrn verheißenen Gnade Gottes gestärkt, damit sie in der Schwachheit des Fleisches nicht abfalle von der vollkommenen Treue, sondern die würdige Braut ihres Herrn verbleibe und unter der Wirksamkeit des Heiligen Geistes nicht aufhöre, sich selbst zu erneuern, bis sie durch das Kreuz zum Lichte gelangt, das keinen Untergang kennt“ (LG 9).

Der Text spricht von der Hoffnung des Volkes Gottes, auf dem Weg durch „Prüfungen und Trübsal“ die stärkende und richtunggebende Weggefährtenschaft Gottes in seinem Heiligen Geist nicht entbehren zu müssen. Man könnte den Text triumphalistisch ausdeuten – die ecclesia triumphans in der ecclesia viatorum abgebildet sehen: Weil Gott mitgeht, deshalb ist der Weg der Kirche ein Triumphzug durch die Geschichte, angeführt von den in erster Linie geistbegabten Nachfolgern Christi und der Apostel. Alles Scheitern kommt dann nur daher, daß Menschen sich ihren Weg abseits des von der Kirche gewiesenen und beschrittenen rechten Weges suchen; kein Wunder, daß sich diese Wege als Irrwege und Abwege herausstellen – als unheilvolle Sackgassen. Die Kirche weiß den rechten Weg; sie braucht ihn nicht lange zu suchen. Wer ihr gehorsam folgt, der wird nicht scheitern. Wer sich den Weg abseits sucht, der muß scheitern.

Die Hypothek, die man sich – und anderen – mit diesem triumphalistischen Verständnis des Weges der Kirche auflädt, ist gewaltig: Weil die Kirche sich ihren Weg in den Fußspuren Christi (1 Petr 2,21) nicht suchen muß, kann sie auch nicht in die Irre gehen und scheitern. Es sind – wenn überhaupt – immer nur die einzelnen, die in ihr – und vor allem außerhalb ihrer – scheitern und sich verirren, weil sie der Wegweisung der Oberen nicht gehorsam genug folgten. Wie kommt es dann aber, daß der Weg der Kirche oft so wenig Ähnlichkeit mit dem Weg Jesu Christi hatte, daß er sie – je länger, desto deutlicher – von der Seite derer wegführte, denen die Seligpreisungen Jesu galten, und hinführte an die Seite der Unterdrücker und Ausbeuter? Wie kam es dazu, daß auf diesem Weg immer weniger spürbar wurde von der Freiheit und der Freude der Kinder Gottes, immer mehr aber von der Angst der Hirten, nur ja nicht zuviel Eigenständigkeit bei den „Schafen" zuzulassen? Wie kam es dann zu manchen verhängnisvollen Fehlurteilen „der" Kirche auf ihrem Weg durch die Geschichte?

Schnell ist man mit dem Argument zur Hand, hier werde doch nur übertrieben und aufgebauscht, was unter Menschen eben immer vorkomme: individuelles Fehlverhalten, gelegentlich etwas übereilte Stellungnahmen und Lehräußerungen – ansonsten aus der Zeit heraus durchaus verständliche Einseitigkeiten, für die man als Kritiker um so mehr Verständnis haben müsse, als man ja selbst vor solchen Einseitigkeiten nicht gefeit sei. Schließlich: im wesentlichen habe die Kirche eben nicht geirrt, sei sie nicht in die Irre gegangen.

Aber: Ist alles andere dann unwesentlich? Unser Text aus „Lumen gentium" spricht amtlich – so wohl erstmalig in der (neueren) Kirchengeschichte – von der unabdingbaren stetigen Erneuerung (renovatio) der Kirche im Heiligen Geist. Schließt das nicht die ehrliche Suche danach ein, was der „renovatio" bedürftig ist? Ja, schließt es nicht das Eingeständnis ein, daß auch die Kirche ihren Weg suchen, daß sie sich auf ihrem Weg weiterfragen muß und daß sie in die Irre gehen – scheitern – kann, wenn und wo sie den Geist auslöscht? Ein Eingeständnis, das der Glaubenszuversicht nicht widerspricht, Gottes Geist werde die Kirche vor dem Schlimmsten bewahren, davor, daß sie die Orientierung verliert auf ihrem Weg in den Fußspuren Jesu Christi. Die Kirche der Sünder – darin heilig – ist die Kirche derer, denen die Umkehr immer neu angeboten ist. Die sündige Kirche besteht aus Gemeinden, die immer wieder zu ihrer Berufung zurückkehren dürfen – und zurückkehren müssen.

Der Abschied von der Triumphzug-Phantasie, das Eingeständnis des Suchenmüssens und Scheiternkönnens – sie befreien und setzen Kräfte frei; dort jedenfalls, wo man noch etwas von dem Segen weiß, der auf der Umkehr liegt. Kräfte, die gebunden waren vom Versuch nachzuweisen, daß man im Grunde immer schon auf dem rechten Weg war, daß man recht hatte, auch wenn man nicht recht bekam; Kräfte, die gebunden waren durch Schuldzuweisung an die anderen, an die Welt, die Wissenschaft, die Medien – gar nicht selten gehen solche Schuldzuweisungen bis hart an den Rand des Verfolgungswahns (die anderen sabotieren gezielt und raffiniert unseren Triumphzug). Haben wir – hat die Kirche – das nötig? Es wäre ziemlich beunruhigend, wenn wir – wenn sie – es nötig hätte(n). Beunruhigend deshalb, weil wir dann das Zutrauen verloren hätten, Gott könne auch auf krummen Zeilen gerade schreiben; weil wir vergessen hätten, daß wir seinen Schatz in irdenen Gefäßen tragen (2 Kor 4,7) und oft nur schwer unterscheiden können, was zum Gold des Schatzes gehört und was zum Schmutz unseres Gefäßes. Die zum Verleugnen und Verdrängen, zur Aufrechterhaltung eines überzogen idealisierten Selbstbildes aufgewandte Energie ist sinnlos verbraucht – im individuellen Lebensvollzug wie im gesellschaftlichen und kirchlichen Zusammenleben. Sie fehlt uns, wenn es darum ginge, uns neu zu orientieren, danach zu fragen, wohin uns der Geist Gottes hier und heute in den Fußspuren Jesu Christi führen will.

Wir denken zu klein von Gottes Heiligem Geist, wenn wir ihn nur als den Verhinderer sehen; nur als den, der die Kirche durch das Lehramt des Papstes und der Bischöfe daran hindert, Gottes Heilswahrheit bis zur Unkenntlichkeit zu verfälschen. Er ist doch gewiß zuerst und vor allem die vorwärtsdrängende Phantasie und Tatkraft der Liebe, die uns herausfordern will auf den Weg Jesu Christi; die uns zur Suche danach antreibt und uns finden läßt, wie wir ihn in Tat und Wort bezeugen, sichtbar und greifbar machen können als wahren *Leib Christi.* In diesem Sinn ist Gottes Geist allen Glaubenden gleichermaßen gegeben. Und es stehen alle – Amtsträger und Laien – in der Gefahr, ihn auszulöschen; in der gleichen Gefahr, sich vom Ungeist der Rechthaberei und Selbstbehauptung, vom Ungeist des Starrsinns und der Machtpolitik leiten zu lassen – den falschen Weg führen zu lassen und zu scheitern. Hier gibt es das Scheitern – in der Kirche; das Scheitern derer, die in besonderer Weise ihren Weg bestimmen; und das Scheitern der Kirche, wenn sie ihnen allzu kritiklos folgt. Es ist theologisch unredlich, den Eindruck zu erwecken, das Charisma der Unfehlbarkeit garantiere ihr und vor allem ihren Amtsträgern, daß sie den Heiligen Geist als die Phantasie und die Tatkraft der Liebe in der Kirche immer zur Auswirkung kommen ließen, und verhindere, daß sie nicht auch grausam scheitern könnten in ihrer Berufung, im „Anhauch" des Gottesgeistes Jesus Christus zu bezeugen: seinen Geist hier und heute für alle „Welt" greifbar und sichtbar zu machen.

Gnade und Gericht

Sendung der Kirche ist es, in den Fußspuren Jesu Christi seinen Geist – Gottes Heiligen Geist – sichtbar werden zu lassen, zu *verleiblichen:* der Leib Christi zu *sein,* von dem sie sich in der Feier der Eucharistie nähren darf. An ihr soll man erspüren, geradezu „greifen" können, wie Gottes Geist ist, wie er sich anfühlt. An ihr soll Gottes Leidenschaft für das Lebenkönnen der Menschen überzeugend Gestalt gewinnen. Die Sendung der Kirche ist das *Zeugnis* derer, die sich Gottes Geist öffnen, sich zu seinem Tempel auferbauen lassen wollen (1 Kor 3,16; 6,19). Die Sendung speziell der Amtsträger ist es, mitzuhelfen, daß es zu diesem Zeugnis kommen kann, daß Gottes Geist Gestalt gewinnt und greifbar wird an der Weggenossenschaft derer, die sich ihren Weg in den Spuren Jesu Christi suchen. Sie haben dafür Sorge zu tragen, daß die in Jesus Christus zugänglich gewordene heilsame Gotteswahrheit nicht in Vergessenheit gerät oder verfälscht wird. Dazu ist ihnen das Charisma der zuverlässigen Lehre verliehen. In der Kraft des Heiligen Geistes dürfen sie die Glaubenden und die, die zu glauben versuchenden aber auch inspirieren, Gottes Geist in je ihrer Lebenssituation Gestalt zu geben. Darin freilich sind sie durchaus fehlbar und von ihrem eigenen Kleinmut oft genug zum Scheitern verurteilt. Etwa dann, wenn sie meinen, die Gläubigen am besten so zum Zeugnis zu inspirieren, daß sie sie auf absolute „Linientreue" festlegen.

Gottes Geist spricht die Menschen auf ihre Freiheit und auf ihre Phantasie hin an, ihren Weg in den Spuren

Jesu zu finden. Deshalb kann er scheitern, scheitert er, wo Menschen sich ihm verweigern und sich nicht von ihm inspirieren lassen. Davon war schon ausführlich die Rede. Gottes Geist „funktioniert“ nicht durch Dekrete, sondern durch „Über-Zeugen“, durch Faszinieren und Bewegen. Wer ihm primär durch Dekrete und Gleichschaltung Geltung zu verschaffen sucht, der muß scheitern, auch wenn er sich durchsetzt. Wer das Zeugnis „organisieren“ will, indem er die „einfachen Gläubigen“ zum Sprachrohr der Hierarchie zu machen versucht, der wird nicht Zeugnis, sondern Propaganda organisieren.

Daß die Kirche in ihrer Sendung, der Leib Christi zu sein, immer wieder scheitert und dennoch gesandt bleibt, dem Gottesgeist einen sichtbaren Leib unter den Menschen zu bereiten, und auch niemals aufhört, Tempel des Heiligen Geistes zu sein, das ist die Anfechtung und die Glaubenszuversicht ihrer Glieder. Das Gottesvolk des Alten Bundes wußte um diesen oft bedrängenden Zwiespalt: Es war gerufen und darin gesegnet, den Namen seines Bundesgottes Jahwe vor den Völkern zu heiligen, ihnen zu bezeugen, wes Geistes Kinder sie sein dürfen. Aber es wußte sich dem Gericht überantwortet, wo es diesen Namen in den Schmutz zog, wo es den Geist der Gewalttat und Menschenmacht greifbar machte und nicht die Leidenschaft seines Gottes für Leben und Gerechtigkeit.

Das Gottesvolk des Neuen Bundes hat zur Deutung seiner geschichtlichen Niederlagen die Wahrheit von Gottes Gericht kaum je so auf sich bezogen wie das alttestamentliche Gottesvolk. Es rechnete kaum mit der erschreckenden Möglichkeit des Zusammenbruchs für den Fall, daß bei seinem „tradere“ der Verrat das Überliefern und Bezeugen allzu deutlich überwiegen würde. So war es geneigt, immer nur die anderen, die nicht hören und sehen wollen, als die Scheiternden zu definieren. Daß es selbst scheitert, so daß die anderen nicht hören und an dem, was sie sehen, Gottes Geist nicht wahrnehmen können, diese Möglichkeit war ihm theologisch weithin unzugänglich. Ob die Ekklesiologie die Kategorie des Gerichts nicht neu entdecken müßte? Ob sie nicht damit rechnen müßte, daß so mancher Einbruch und so manches Zusammenbrechen Gottes Gericht ist über das Versagen des kirchlichen Zeugnisses?

Eine Kirche, die mit dieser Möglichkeit rechnete, wäre nicht mehr so schnell geneigt, immer nur die Splitter in den Augen der anderen zu sehen und das eigene Scheitern, den eigenen Verrat auf deren „Verweigerung" zu projizieren. Scheiternsverdrängung bedeutet immer Projektionsbereitschaft – im sozialen wie im individuellen Bereich. Könnte es deshalb nicht sein, daß die Christen über viele Jahrhunderte hinweg den „Verrat der Juden" so grausam und unnachsichtig verfolgten, weil sie sich ihrem eigenen Verrat nicht stellen konnten? Weil sie in ihrer Triumphzug-Phantasie um sich herum nur Besiegte, aber ihre Niederlage nicht Eingestehende sehen konnten? Weil sie das Scheitern der anderen brauchten, um darin den eigenen Triumph bestätigt zu sehen?

Hier wäre gewiß nötig, die Kirche als Geistgeschöpf und die Sendung der Amtsträger in ihr als Diener des Gottesgeistes – und deshalb *unserer Freude* – noch genauer und ausführlicher zu würdigen. Aber das kann nicht der Anspruch dieses Textes sein. Er stellt keine umfassende und ausgewogene dogmatische Ekklesiologie dar. Er versucht vielmehr, mit wenigen Strichen zu einer praktisch-theologischen Hermeneutik des Kirche-Seins im „Abendland", im „alten" Europa beizutragen. Man gestehe ihm zu, daß er im Interesse des hier und jetzt Dringlichen einseitige, wenn auch gewiß nicht falsche Akzente setzt.

Wer sich nicht mehr weigert, das Scheitern des Zeugnisses auf allen Ebenen der Kirche zuzugeben, der wird dann auch die Solidarität im Scheitern wahrnehmen. Es sind nicht einfach nur die einzelnen, die scheitern, weil sie von der vorgegebenen Route abgewichen sind; es sind nicht einfach nur die da oben, die den Geist auslöschen und so das Zeugnis der Kirche scheitern lassen. Wir alle haben vermutlich unsere jeweilige, sehr spezifische Rolle in dieser Scheiternsgeschichte. Wir sind in sie verwickelt, und es wäre fatal, wenn wir uns einfach davonstehlen wollten, denn nur wer scheitern kann, kann umkehren, kann neu anfangen. Wer nicht scheitern kann, kann immer nur weitermachen. Durch bloße Schuldzuweisung wird nichts besser und drängt man den Beschuldigten gerade dazu, weiterzumachen wie bisher, um sich gegen die Beschuldigung zu behaupten.

Der Blick auf die gemeinsame Scheiternsgeschichte kann das Beschuldigungskarussell anhalten; er könnte eine Atempause verschaffen, ohne allzu viele Vorurteile und Nebenabsichten, ohne allzuviel absichtsvolle „Sinnstiftung" hinzuschauen und sich dem auszusetzen, was da geschieht, was da scheitert – nicht ohne daß wir hineinverwickelt sind. Also: *Was* geht da nicht weiter? Nicht gleich fragen und wissen, warum! Was muß, was will hier sterben? Nicht gleich fragen und wissen, was an seine Stelle tritt! Bin ich betroffen von diesem Sterben; ist es auch für mich Verlust? – Nicht gleich auf den Gewinn ausweichen, der mir/uns dafür winkt!

Die Ausrufezeichen stehen als Aufforderung, Trauer zuzulassen und dem Abschiednehmen nicht auszuweichen. Trauernd Abschied nehmen, das müssen die nicht, denen das alles eh nichts mehr bedeutet; aber auch die nicht, die eh bleiben wollen, wo sie sind. Trauernd Abschied nehmen, das müssen die, die gesehen haben, daß hier etwas zu Ende gegangen ist, die selbst – ein wenig oder nicht nur ein wenig – mitsterben und doch weiterleben wollen. Natürlich gilt es zunächst einmal, Abschied zu nehmen von der kirchlichen Scheiternsverdrängung, von der triumphalistischen Illusion des vom Geist garantierten rechten Weges – die ich vielleicht im geheimen selbst beerben wollte. Schon das ist oft schwerer, als man es sich vorstellt. Und dann werden womöglich die Abschiede fällig von den vielen einzelnen *Illusionen der Kontinuität,* in die wir uns – gemeinsam oder jeder für sich – angesichts so unabweisbaren Scheiterns hineinretten wollten. Die Trauerarbeit macht zum Realisten, nicht zum Resignierten, sondern zum Entschlossenen, Aufgeschlossenen. Nur in der Trauer wächst die Entschlossenheit, nicht einfach so weiterzumachen, als sei nichts geschehen und nichts zu Ende gegangen; nur in der Trauer reift die Leidenschaft, danach zu suchen, wohin der Weg in den Spuren Jesu Christi uns nun führt.

Produktive Trauerarbeit findet ihren Ausdruck in der Klage, die das Scheitern zur Sprache bringt, aber nicht sofort als Anklage. Die Anklage reißt Gräben auf: zwischen dem, der sich verantworten muß, und denen, die ihn zur Rechenschaft ziehen. Die Anklage wird gewiß immer wieder unumgänglich sein, auch in der Kirche. Auch hier müssen mitunter Verantwortlichkeiten klargestellt werden, wenn die Verantwortlichen sie absichtsvoll vernebeln, es nicht gewesen sein wollen und billig davonzukommen versuchen. Die Anklage will Schuld zuweisen und den Schuldigen namhaft machen. Meist wäre es realistischer, das *gemeinsame* Scheitern zunächst einmal in gemeinsamer Klage auszusprechen, vor Gott auszusprechen, um es so für uns Realität werden zu lassen.

Die Klage deckt auf, was die Schönredner lieber verborgen halten wollen; sie deckt auf und nimmt wahr, ohne sofort das Beschuldigungskarussell in Gang zu setzen. Sie spricht aus und verzichtet doch darauf, mit dem Aussprechen verletzen zu wollen. Sie spricht das Scheitern aus, indem sie es Gott zuspricht. Das Aussprechen auf Gott hin ist der Ort der Wahrheit, der Ort, an dem das Aussprechen ausgehalten werden kann, eben weil die Worte nicht mehr Waffen sind, die wir gegeneinander richten. Es gab und es gibt im Gottesvolk des Alten und des Neuen Bundes eine Kultur der Klage, in der die gemeinsam vom Scheitern Betroffenen zueinander finden und der Versuchung zu allzu eindeutiger Schuldverteilung widerstehen konnten. Das Scheitern zunächst einmal wahrzunehmen, auszudrücken, auszuhalten, ohne in die Beschuldigung auszubrechen – dieses Zeugnis einer christlich-solidarischen Klage wären wir einer immer ungehemmter um sich greifenden Beschuldigungskultur schuldig. Die Klage ist als schöpferische Sprachhandlung neu zu entdecken. Sie ist der Sprachraum, worin dann auch die Bereitschaft wachsen kann, den anderen als Scheiternden auszuhalten, ihn mit seinem Scheitern nicht allein zu lassen, ihm nachzufühlen, wie er dem Scheitern zum Opfer gefallen ist. Die gemeinsame Klage öffnete uns den Raum, nach- und mitzufühlen, welcher Zwiespältigkeit der andere – und wir selbst – erlegen sind.

Solidarität im Scheitern

Auch das (lehr-)amtliche Bemühtsein um Kontinuität hat seinen guten Sinn und seine unverzichtbare Bedeutung im Zeichen christlicher Solidarität. Mit der Sorge eines guten Hausvaters hat das (Lehr-)Amt in der Kirche darüber zu wachen, daß das „Erbe", von dem die Kirche lebt, nicht verschleudert, daß weiterhin Wertvolles nicht mißachtet, daß das unabdingbar Verpflichtende nicht verabschiedet, daß das unbequem Wahre nicht leichtfertig gegen das gerade „Passende" eingetauscht wird. Diese Kontinuitätswahrung gerät indes leicht zur Kontinuitätsillusion, ja zum Kontinuitätszwang, wenn sie nicht in lebendiger, frei ausgetragener Spannung steht zur Bereitschaft, sich von neuen Erfahrungen in Frage stellen zu lassen und in den „Zeichen der Zeit" (Gaudium et spes 4/11, Unitatis redintegratio 4) die Herausforderung des Gottesgeistes wahrzunehmen, nicht einfach nur weiterzumachen. Der Kontinuitätszwang – die Selbstimmunisierung gegen das Scheitern – macht starr und unschöpferisch, sucht immer wieder die gleichen Problemlösungsmuster durchzusetzen und schiebt verbittert den „anderen“ die Schuld daran zu, daß sie nicht mehr „greifen“: der bösen Welt, die sich gegen die Kirche verschworen hat; dem illoyalen „Middle-Management“, das alles besser weiß und das einfache Volk durcheinanderbringt; den gestreßten Seelsorgern und Katecheten vor Ort, die im täglichen Betrieb aus den Augen verlieren, was man ihnen an Orientierung vorgegeben hat.

So schlägt ekklesialer Kontinuitätszwang auf die vielen einzelnen zurück. Sie sind es, die nicht zurechtkommen; sie scheitern mit einer Aufgabe, mit der sie eigentlich zurechtkommen müßten; sie müssen sich die Leviten lesen lassen von Amtsträgern, die seit Jahrzehnten keine Schulklasse mehr gesehen, kein Taufgespräch mehr geführt, keine Firmvorbereitung mehr mitgetragen, kein wirkliches Gespräch mit „kritischen“ jungen Ehepaaren mehr riskiert haben. Vielleicht wissen sie wirklich nicht, was Scheitern ist, weil sie sich die Möglichkeit verbauen, es zu erleben. Man wird als Betroffener leicht bitter und schiebt umgekehrt denen „da oben“ die Schuld zu an dem Scheitern, das mich so brutal immer wieder „auf Null“ bringt. Das ist so verständlich wie unrealistisch. Das Scheitern ist unsere gemeinsame Not und unsere gemeinsame Geschichte. Es fordert uns zur schwesterlich-brüderlichen Solidarität im Scheitern heraus; es fordert uns dazu heraus, etwas von der Solidarität im Scheitern zu erleben und erlebbar zu machen, wie sie den Weg Jesu Christi prägte und doch gewiß auch den Weg der Glaubenden in seinen Fußspuren prägen müßte.

Wir tun uns schwer mit solcher Solidarität, und das ist menschlich verständlich: Jede(r) möchte sich gern aus dem Scheitern heraushalten, möglichst nicht hineingezogen werden – ins Scheitern und von den Scheiternden. Nun scheint gerade die Kirche eine hochstehende Kultur im Umgang mit dem Scheitern entwickelt zu haben, in den Spuren Jesu, des Sünderfreundes: das Bußsakrament. Sie spricht dem Gescheiterten, dem Sünder, die Versöhnung zu; sie feiert seine Umkehr – seine Rückkehr und seinen Neubeginn, den er im Vertrauen auf den grenzenlos versöhnlichen Gott in den Reihen der Pilgergemeinschaft Kirche wagen darf.

Aber die Versöhnlichkeit der Kirche hatte und hat ihre Grenzen. Wir wissen es. Hat das vielleicht auch damit zu tun, daß die Kirche Scheitern so wenig annehmen kann, wenn nicht nur Rückkehr und Besserung, sondern Zu-Ende-gehen-Lassen und Abschiednehmen, wenn Trauer über Zerstörtes und die Suche nach einem Neuanfang fällig sind. Solidarität mit dem Scheiternden fällt nicht so schwer, wenn sie von der Zuversicht getragen ist, ihn auf den rechten Weg zurückzuführen. Sie fällt unendlich schwer, wenn man gemeinsam sich eingestehen und aushalten muß, daß hier etwas zerbrochen ist und auch durch moralischen Druck nicht ungeschehen gemacht oder repariert werden kann. Mit solcher *End-Gültigkeit* tut sich die Kirche, tun wir alle uns schwer: mit unserer *Endlichkeit,* die es mit sich bringt, daß es das Zu-Ende-Gehen gibt – das Scheitern und den Neubeginn, den wir womöglich als Bruch erleben und nicht verstehen können. Warum hat er (hat sie) nicht doch weitergemacht, es nicht noch einmal probiert? War es wirklich zu Ende? So desolidarisieren wir uns und lassen den Scheiternden mit seiner Erfahrung allein, nicht einfach so weitermachen zu können, als sei nichts geschehen.

Hier stellen sich Fragen an die kirchliche Praxis, denen beim Thema Scheitern nicht ausgewichen werden darf, so schmerzlich sie sind und so ausweglos sie scheinen. Die erste ist die nach der oft so schmerzlich vermißten Solidarität der Kirche mit den in ihrer Ehe

Gescheiterten und einen neuen Anfang Suchenden, eine neue Bindung Wagenden. Gewiß: die Argumente sind längst ausgetauscht. Die Ehe ist ein „Lebensprojekt" auf Dauer, und sie muß es sein: getragen von der Entschlossenheit, an Krisen und am Scheitern zu reifen und nicht davor zu kapitulieren. Und die Kirche tut gut daran, der Treue, die die Erfüllung des Lebens mit dem erwählten Partner zusammen und nicht an ihm vorbei zu suchen entschlossen ist, einen so hohen Stellenwert zu geben. Sie tut gut daran, die aneinander Zweifelnden zum gegenseitigen Versprechen, einander auch in der Krise auszuhalten, zurückzurufen. Aber muß sie deshalb davor die Augen verschließen, daß es auch in der Ehe – nach Menschenermessen *endgültiges* – Scheitern geben kann; daß für die Betroffenen das Zulassen des Gescheitertseins wenigstens die Möglichkeit eines Neubeginns eröffnen kann? Muß die römisch-katholische Kirche die hier Gescheiterten diskriminieren und zu Katholiken zweiter Klasse machen? Das Neue Testament zwingt sie jedenfalls nicht dazu; und andere christliche Traditionen sehen diese Notwendigkeit auch nicht. Sieht sich die römisch-katholische Kirche hier vielleicht vor allem deshalb zur Ab- und Ausgrenzung gezwungen, weil sie meint, daß man Scheitern nur durch das *Zurückkommen* bewältigen kann: zurück zum verlassenen Partner, zurück zum einzig wahren Weg, zurück zum einmal gegebenen Versprechen, zurück zum Gehorsam?

Ähnliches gilt wohl auch für die Priester, die ihr Amt verlassen müssen, weil sie sich zu einer Beziehung bekennen wollen, die mit der einmal übernommenen Zölibatsverpflichtung in Widerspruch gerät und nach dem Kirchenrecht unvereinbar ist mit der weiteren Ausübung des priesterlichen Dienstes. Wiederum geht es hier nicht um die Gründe für oder gegen das allen Priestern abgeforderte Zölibatsversprechen. Und es soll auch nicht in Zweifel gezogen werden, daß die Kirche die Treue zum einmal gegebenen Versprechen einfordern muß. Aber ist die Haltung der Fordernden und für das „Vorenthaltene“ sich gleichsam schadlos Haltenden hier wirklich alles, was von ihr in den Fußspuren Jesu zu erhoffen wäre? Es reicht doch nicht aus, den mit einem gegebenen Versprechen Gescheiterten mit letzter Konsequenz „bei der Stange halten“ zu wollen und ihn nur „in Gnaden“ ziehen zu lassen, wenn er sich in entwürdigender Weise als durch und durch gescheiterte Existenz darstellt. Es kann noch weniger der Rat genügen, die eingegangene Beziehung nicht zu „legalisieren“ und möglichst geheimzuhalten – eben: nach außen hin so weiterzumachen, als sei nichts geschehen, und damit der Frau die ganze Last (und Schuld?) des Scheiterns zuzuschieben.

Die vorgebrachten guten Gründe für das Einfordern des einmal Versprochenen berechtigen nicht dazu, den Scheiternden auf sein Scheitern festzunageln – ihn zu einem Kreuzweg zu verurteilen, von dem wohl nur Zyniker sagen können, man müsse ihn in der Nachfolge des Gekreuzigten auf sich nehmen. Hier wird die Frage nach der kirchlichen Scheiternsverdrängung ärgerlich konkret; ärgerlich konkret auch die Frage, ob wir, ob die Kirche – diejenigen, die ihrer Disziplin Geltung verschaffen, wie auch die Gemeinden – lieber „scheitern lassen“ als im konkreten Fall unser/ihr Mitscheitern anzunehmen. Wer nur zum Kreuzweg des Weitermachens verurteilen will, der opfert gar nicht so selten seiner Kontinuitätsillusion ein konkretes Menschenleben. Wer hat solche Opfer nötig? Wer hat nötig und warum hat er es nötig, solche Opfer für nötig zu halten? Und was geht damit – an theologischer Verantwortung und priesterlicher Erfahrung – den einzelnen Gemeinden, der Kirche im ganzen verloren?

Wir geben oft kein gutes Bild ab in unserem Umgang mit dem Scheitern. Es sieht so aus, als „könnte“ die Kirche, als „könnten“ wir nicht scheitern, als könnten wir Niederlagen nicht eingestehen – als seien wir scheiternsunfähig, nur noch fähig, weiterzumachen. Das wäre erstaunlich und irritierend für eine Kirche, die an den

Gott Jesu Christi glaubt, an den Gott, der bei den Scheiternden ist, ja sich mit ihnen identifiziert und in ihnen sich antreffen läßt (vgl. Mt 25,31 ff). Oder ist der Glaube an *diesen* Gott bei uns nicht oft ein Lippenbekenntnis? Ist unser Gott doch eher ein Gott der Arrivierten, derer, die es zu etwas gebracht und viel zu verlieren haben? Ein Gott derer, die Besitzstände wahren und offene Rechnungen rigoros einfordern? Gott und die Gescheiterten – die Kirche und die Gescheiterten, Herausgefallenen aus den Netzen, in Verruf Geratenen: Das ist ein weites Feld für die Gewissenserforschung; ein Anlaß, unsere Solidarität im Scheitern zu entdecken. Aber das ist es ja gerade: Können *wir* scheitern; hilft uns *der Glaube,* zu scheitern? Hilft er uns, loszulassen, zu Ende gehen zu lassen, anzunehmen, was geschehen ist, die Suche aufzunehmen danach, was nun beginnen und sich entfalten will?

Die „Gnade des Nullpunkts"

Es geht nicht darum, das Scheitern von der „höheren Warte" des Glaubens aus in einen umfassenden Sinnzusammenhang hinein „aufzuheben" oder „religiös" zu verklären; es geht vielmehr um die Frage, ob Glaubende auch ihr Scheitern als Gnade erfahren können: als die Gnade des Nullpunkts. Mehr als ein paar tastende, fragende Hinweise verträgt dieses „Thema" nicht – damit es nicht doch wieder verallgemeinernd-erfahrungsfern abgehandelt und in einer Gnadentheorie stillgestellt wird. Vielleicht fühlt sich die Gnade des Scheiternden so an: daß er nichts mehr – vielleicht nur in dieser oder jener Hinsicht nichts mehr – zu verlieren hat, daß er auch seine falschen Rücksichten verloren hat, daß er out ist – draußen aus den starren Regelkreisen, in denen wir uns gegenseitig falsch stabilisieren und mißbrauchen, eben ein outcast (ein outcaste: ein kastenloser Paria), einer, auf den man nicht rechnet und der deshalb selbst nicht rechnen muß; einer, bei dem die Wahrheit – Gottes Geist – eine Chance hat.

Das klingt vielleicht alles viel zu dramatisch und emphatisch. Die Gnade des Nullpunkts greift – und wir sind ja froh darüber – meist nur in „kleiner Dosierung" nach uns. Aber die Charismatiker des „Draußenbleibens", die sich ihr ungeschützt aussetzen – etwa *Franz von Assisi* und seine Jünger –, führen uns vor Augen, was diese Gnade bewirken könnte: wie der „Herausgeworfene", Heraus-Gescheiterte Ort der Wahrheit sein könnte; sie führen uns vor Augen das Greifbarwerden der Verheißung, die in der Selbstauslieferung an Gottes zurechtbringende, heilende Wahrheit liegt. Die Gnade des Nullpunkts, des Heraus-Scheiterns aus den falschen Rücksichten, Kumpaneien und Interessenverflechtungen, das Aufmerksamwerdenkönnen auf das, was ist, was geschehen ist, ohne daß uns gleich der Drang überfällt, aus der Situation „das Beste" – für wen? – zu machen. Wann haben wir erfahren, daß diese Gnade nach uns greift, wenn wir uns von ihr ergreifen lassen?

Das dürfen wir uns mit allem Ernst fragen: Bietet Gott der Kirche die Gnade des Nullpunkts an? Stellt er sie auf die Probe, ob sie scheitern „kann"? Es wird viel davon abhängen, ob sie es kann oder ob sie unfähig ist zu scheitern, fähig nur zum blinden Weitermachen. Gewiß, es ist sträflich ungenau, hier einfach von der „Kirche" zu sprechen; ungenau deshalb, weil die Gnade – weil Gottes Geist – in der Kirche ganz unterschiedlich zur Geltung und Wirkung kommt – aber bestimmt nicht abgestuft von „oben nach unten". So kann es geschehen, daß das Scheitern bei uns in der europäischen Kirche völlig anders aussieht als anderswo; daß „wir" das Scheitern noch vor uns haben, während Gemeinden und Gemeinschaften in anderen Weltgegenden schon in der Gnade des Nullpunkts aufblühten – den Geist, der im Sterben neues Leben schafft, schon erfahren durften. Dann stellt sich die Frage so: Werden wir – hier bei uns – die Gnade des Nullpunkts verpassen, uns im bloßen

Weitermachen verschanzen und weiterhin ignorieren, was anderwärts und – vielleicht weithin unerkannt – unter uns als Frucht des auferweckenden Geistes wachsen und aufblühen durfte. Noch schärfer gefragt: Wird die „alte" europäische Kirche noch so viel an Verdrängungsenergie aufbieten können, daß sie sich all das vom „Leib" halten kann – ihr Leib ist ja der Leib Christi –, was das resignierte Weitermachen bei uns in Frage stellt und als das erscheinen läßt, was es ist? Es wird Zeit, das „Veni creator spiritus" an Pfingsten ernsthafter zu beten, sein Kommen zu erflehen, auch wenn es die Gnade des Nullpunkt sein sollte, in der er uns ergreifen will.

IV. Der verwundete Arzt. Für eine parakletische Praxis der Kirche

Die Christus-Ikone

Unauslotbar ist für unseren Zusammenhang die Tatsache, daß im Mittelpunkt des christlichen Glaubens jener Mensch Gottes steht, der sich verwunden ließ und bleibend gezeichnet ist. Die Ikone des wahren Gottes und des wahren Menschen ist, nach christlichem Glaubensverständnis, der gekreuzigte Auferstandene, der verwundete Heiland. Seine erlösende Kraft und seine therapeutische Glaubwürdigkeit hängt wesentlich daran, daß ihm die Leidens- und Scheiternsgeschichten der Menschen gleichsam ins Fleisch geschrieben sind und bleiben. Jesus, der Christus, ist der wehrlos liebende, der Gewalt nicht mit Gegengewalt beantwortet und deshalb zum Opfer wurde. Er ist der Mensch Gottes, der sich berührbar macht und offen zeigt bis ins Innerste für die Not der Menschen, selbst wenn diese ihn gewaltsam trifft. Das Heil, das in Jesus Christus offenbar und anschaulich wird, das Christen mit Grund erwarten, bezeugen und teilen, ist eben nicht jenseits der Leidensgeschichten der Menschen gleichsam erschlichen in einem apathischen Raum, in einer berührungs- und leidfreien Zone. Ganz im Gegenteil: Gott läßt sich bis ins Innerste berühren, Jesus läßt sich bis ins Fleisch zeichnen und förmlich stigmatisieren. Gerade deshalb ist dieser Christus Jesus uns, wie dem ungläubigen Thomas, einzig glaubwürdig. Für immer sieht man ihm auch sein Scheitern an, und er zeigt es offensiv, damit wir unsere Geschichten in seiner Geschichte wiedererkennen und die tiefe Solidarität und Mit-Leidenschaft zwischen diesem Gott und uns Menschen endlich glauben lernen. Es ist für christliche Hoffnung schlechterdings grundlegend, gerade im leidenden Gottesknecht, im verwundeten Heiland, all das gut aufgehoben zu wissen, was unser sterbliches Leben jenseits von Eden ausmacht – beides nämlich, daß wir Gewalttäter sind wie Kain und Gewaltopfer wie Abel. Allerdings: Gerade dies, was Jesus Christus besonders glaubwürdig macht, ist so schwer zu glauben. Immer bestand und besteht die Gefahr auch unter Christen und in den Kirchen, sich einen Christus ohne Wunden, einen Auferstandenen ohne Kreuz zu erträumen und entsprechend einen Himmel auf Erden ohne karfreitagliche Konfrontation. Was aber wäre das für ein Himmel! Was alles müßte dann ausgeklammert und abgespalten bleiben! Für Christen ist gerade dies das Gütezeichen und Wahrheitskriterium ihres Christusbekenntnisses, daß er auch Gewalt, Lüge und daraus resultierendes Leid in sich hat und an sich zeigt, so daß wir uns damit heilsam konfrontieren lassen können.

Nicht zufällig haben die frühen Kirchenväter betont, daß die Kirche Jesu Christi, die Gemeinschaft der Glaubenden, ihre ganze Existenz der Seitenwunde Jesu verdankt. Kirche ist in dem Maße glaubhaft Kirche Jesu Christi, in dem sie nicht nur ein Ort und Hort der Leidenden und Scheiternden ist, sondern an ihrem Leib, in ihrer eigenen Geschichte, das Scheitern zeigt. In diesem Sinne rühmt sich der Apostel Paulus seiner Schwächen, seiner Krisen, ja seines ständigen Scheiterns (2 Kor 4,7 ff. u.a.). In diesem Sinne hat die Liturgie Symbole und Zeichen ausgestaltet, die uns an das Geheimnis der Wunden Jesu und der Wunden der Kirche erinnern, wie etwa in den fünf Wundmalen der Tauf- und Osterkerze. In diesem Sinne haben konsequente Christen, die wir die Heiligen nennen, in Anteilnahme am Weg Jesu sich selbst stigmatisiert gesehen und die Option für die Stigmatisierten dieser Erde getroffen. In diesem Sinne sprach die Alte Kirche davon, daß die Märtyrer der Same der Christen sind – jene also, die sich um der Gerechtigkeit und Wahrheit willen bis zum äußersten gar verwunden ließen und wortwörtlich zu Blutzeugen wurden.

Im Symbol des verwundeten Arztes geht es um beides: Einerseits werden wir, als Einzelne und als Kirche, konfrontiert mit all dem, wodurch wir die anderen und uns selbst verletzen und verwunden; wir werden also zu unserem Heil unseren eigenen Gewalttaten gegenübergestellt. In diesem Sinne muß davon gesprochen werden, daß die Kirche und Verantwortliche in der Kirche durch ihr Verhalten, durch ihre Taten, Worte und Texte andere Menschen tief verletzt, verwundet haben. Zugleich aber ist in der Begegnung mit dem verwundeten Therapeuten aus Nazareth auch dies anschaulich: Liebe läßt sich eher verwunden, als daß sie verletzt; Gottes Liebe macht sich wehrlos bis zum äußersten, und insofern ist auch die Kirche im Gang der Zeiten immer wieder die verwundete, die verfolgte, die gedemütigte. Das Geheimnis der Wunden Jesu und das der „Wunden der Kirche“ (Rosmini) gehört untrennbar zusammen. Genau hier aber tut sich eine doppelte Gefahr auf: Einerseits liegt immer die Versuchung nahe, daß auch Christen und Kirchen ihr Scheitern triumphalistisch überspielen wollen, ohne ihren Karfreitag anzunehmen. Sie wollen gleich von Ostern sprechen und sich himmlisch geben, also unberührbar und unverletzbar machen. Sie huldigen dann dem Unverwundbarkeitswahn unserer ganzen Lebenswelt und Umwelt. Nicht minder groß war und ist die Gefahr, daß Kirchen und Gemeinden gleichsam beim Karfreitag stehen bleiben und nicht den inneren Zusammenhang zwischen den Niederlagen und den Siegen, zwischen dem Scheitern und dem Auferstehen erkennen und bezeugen. Sie bleiben dann ins Leiden verliebt und jammern über die böse Welt und deklarieren sich leichtfertig zum Märtyrer. Im christlichen Gottesglauben aber kommt es gerade auf die spannungsreiche Aufhebung beider Extreme und Pole an: Weder Leidverliebtheit, die sich absolut setzt und das Scheitern divinisiert, noch Selbstglorifizierung, die die

Möglichkeit und Realität der Niederlagen überspielt, kann ein christliches Ideal sein. Das Maß und die Lebendigkeit christlicher Hoffnung ist geradezu das Kriterium zur Unterscheidung der Geister: Wer Schuld und Scheitern, Niederlagen und Nullpunkte tendenziell und strukturell verdrängt, ist der Wahrheit fern. Glaubend wird gerade dies alles auch angeschaut und einbezogen in den österlichen Wandlungs- und Exodus-Prozeß. Deshalb sind jene Menschen am glaubwürdigsten – und dies wird von Erfahrungen der therapeutischen Praxis vielfältig bestätigt – die ihre eigenen Leidens- und Scheiternsgeschichten, aber auch ihre Gewaltgeschichten nicht scheinheroisch wegstecken und gewaltsam unterdrücken, sondern jene, die sie zeigen, dadurch einfühlsam und empathisch werden und zu einer gleichermaßen sanftmütigen und konfliktfähigen Kultur beitragen. Der verwundete Arzt Jesus Christus, die Ikone des wahren, des „hilfreichen" – an Hilfe und Heil reichen – Gottes darf uns vor Augen stehen, wenn wir jetzt danach fragen, wie Glaubende einander (und auch allen anderen Menschen) im Scheitern hilfreich werden können.

Scheitern lassen – Scheitern helfen

Die tiefe Kluft zwischen Scheitern lassen (zum Scheitern bringen) und Scheitern helfen (im Scheitern helfen) ist manchmal kaum noch wahrnehmbar. Die Helfer sind ja oft so hilflos, daß sie die in ihrem Scheitern um Beistand Bittenden erst richtig in ihr Scheitern hineinstoßen. Es muß eben auf den Tisch des Hauses, wovor man die Augen verschließen möchte – so legitimieren sich die „Scheiternshelfer", gewiß nicht ohne guten Grund. Aber gar nicht selten ist es auch so: die hilflosen Helfer sind wirklich hilflos, unfähig zur Hilfe, weil sie das Scheitern der Scheiternden selbst brauchen, um als Helfer gefragt, wichtig und mächtig zu sein; um sich selbst nicht als Scheiternde wahrnehmen zu müssen. Der Helfer ist ja mächtig; vom Hilflosen wird er in die Rolle des der Hilfe Mächtigen geradezu hineingedrängt. Und es kann sein, daß er sich darin nur allzu sehr wohlfühlt. Er soll – und möchte gern – der sein, der helfen *kann,* der Halt bietet, wo alles bodenlos wird; der Zuversicht vermittelt, wo man nicht mehr weiter weiß. Wie gut wäre es doch, wenn der Helfer wirklich allmächtig wäre; wenn er drüber stünde – wenn man bei ihm sicher sein könnte, wenn er jedenfalls nicht mit in den Abgrund gezogen würde.

Es ist die Versuchung des Helfers, sich diese Idealisierung und „Ermächtigung" gern gefallen zu lassen, ein wenig an die eigene Allmacht zu glauben, dem Drängen des Hilflosen nachzugeben und so zu tun, als stünde er drüber. Wer dieser Versuchung nachgibt, der verweigert die Hilfe, die wirklich hilft. Er flüchtet vor der Hilflosigkeit des Scheiternden, weil er fürchtet, von ihr angesteckt zu werden; er flüchtet sich in die Illusion seiner Helfer-Allmacht. Helfen könnte er nur, wenn er dabliebe, statt zu flüchten; wenn er – zunächst einmal – ratlos bliebe, statt zu wissen; wenn er Begleiter bliebe und den anderen nicht auf dem eigenen Weg mitzuzerren versuchte.

Haben die Christen nicht einen Herrn und Meister, der ihnen dieses *Dableiben* vorgelebt hat, das Mitgehen, Mitfühlen, Mitscheitern? Einen Gott, der sich geradezu als „Mitgeher-Gott" definiert und bei diesem Namen anrufen läßt? Gewiß: wo die Christen ihren Gott anrufen bei diesem Namen, da versuchen sie immer wieder, *ihn* in die Rolle des allmächtigen Zauber-Helfers zu drängen, in eine Absolutheit und Unverletzlichkeit hineinzuermächtigen, an der der Bittende Anteil zu gewinnen hofft.

Der Gebetene soll – bitte – von seinen übernatürlichen Fähigkeiten Gebrauch machen und mich aus meiner üblen Situation befreien; er kann es doch, wenn er nur will. Aber der Gott Jesu Christi entzieht sich dieser Rollen- und Allmachtszuweisung. Er entzog sich ihr in der Geschichte Jesu Christi, der in ganz anderem als dem eben angedeuteten Sinn der hilflose Helfer war: „Anderen hat er geholfen, sich selbst kann er nicht helfen", so verspotten ihn Schriftgelehrte und Pharisäer (Mt 27,42 parr.) und sagen damit nur die Wahrheit: Anderen konnte er helfen, weil er es darauf ankommen ließ, selbst hilflos zu sein; weil Gott für ihn nicht der „Allmächtige" war, der ihm sein Scheitern „wegzaubern" sollte, der ihn – den anderen Scheiternden gegenüber – desolidarisieren sollte. Sind die seinen Spuren Folgenden nicht in besonderer Weise gerufen, einander in Liebe beizustehen und im Glauben daran zu stärken, daß sie nicht von Gott weg-, sondern in Gott hineinscheitern, so daß ihr Scheitern nicht hoffnungslos bleiben muß? Sind Christen deshalb nicht die „geborenen Helfer"?

Sie sind es nicht. Allzu oft sind sie hilflose Helfer, Helfer, bei denen keine Hilfe ist, weil sie geradezu fixiert sind auf die Rolle dessen, der schon „weiter ist" und den Scheiternden „weiter helfen" will – eben dahin, wo man selbst schon ist. Die Position des Überlegenen, der für die Scheiternden etwas tun kann, der Hilfe „organisieren" kann, weil er über einen Vorsprung verfügt, weil er spezielle Hilfsmittel und Vollmachten einsetzen kann – sie hat sich im herkömmlichen Selbstverständnis des Klerikers überdeutlich ausgeprägt. Manchmal hilft es ja auch, wenn „die da oben" mir versichern, sie seien für mich da – und wenn sie dann tatsächlich auch für mich da sind. Aber in der Regel und wenn es ernst wird, ist das „Von-oben-nach-unten-Modell" des Helfens zum Scheitern verurteilt, eben deshalb, weil der Helfer nicht da ist, wo der Scheiternde ist, sondern höchstens einmal „vorbeikommt".

Man entzieht sich dieser Problematik leicht, wenn man – was theologisch ja zutrifft – den Wesensunterschied zwischen dem Geweihten und dem Laien im Geweihtsein zum Dienst, ja: zum Niedrigersein, zum Knechtsein gegeben sieht. Was theologisch völlig richtig ist, wird von der kirchlichen Realtität oft widerlegt und zur Ideologie gemacht. Es ist eben nicht selbstverständlich so, daß der „servus servorum Dei“ irgend etwas an sich hat von einem Diener – etwa von einer „Hausfrau“ oder einem „Hausmann“, der den Dreck wegputzt. Die gründonnerstägliche Fußwaschung bleibt dann eine schwer erträgliche Parodie aufs wirkliche Dienen. Daß die (Voll-)Macht zum *Dienen* verliehen ist, das spürt man ihrer Ausübung eben oft nicht an; da hilft keine theologische Klarstellung. Solange der Hilfesuchende den Seelsorger nur stört bei dem Wichtigeren, das er gerade jetzt zu erledigen hat und von dessen Wichtigkeit der Störenfried ja keine Ahnung hat – es geht da um die Verwaltung der göttlichen Geheimnisse und der kirchlichen Liegenschaften –, solange passen die Aufgaben des hilfreichen Helfers und des „Seelsorgers“ noch nicht zusammen.

Viele Seelsorger haben daraus die Konsequenzen gezogen; sie haben die Hilfe erlebt, die im Mitleben und Mitgehen liegt – für die Mitglieder der Gemeinde und für sie selbst. Und die Diözesen haben versucht, den Priestern professionelle Helfer zur Seite zu stellen; Ansprechpartner für Scheiternde. Kritiker beklagen, Gemeinden und Gemeindeseelsorger würden auf diese Weise von den Scheiternden „entsorgt“. Aber wäre es nicht gefährlich naiv und hochmütig zugleich, wenn die Kirche leichten Herzens auf die Möglichkeiten professioneller Hilfe an Scheiternden verzichten wollte? Müßte sie sich nicht gerade dazu herausfordern lassen, in dieser Scheiternshilfe vergessene Dimensionen der ihr aufgetragenen „Seel“-Sorge neu zu entdecken und in der Nachfolge des mitscheiternden Jesus von Nazareth radikal ernstzunehmen? Sind das Zeugnis der „dableibenden“, nicht ausweichenden, nicht bloß professionell drüberstehenden Erziehungsberaterin, des – in der Dienstzeit wenigstens – jederzeit zugänglichen und hörbereiten Telefonseelsorgers für die Gemeinden nicht Anstoß, Verheißung und Herausforderung zugleich, Scheitern wahrzunehmen in der Zuversicht, Menschen in der Nachfolge Jesu könnten einander in Liebe beistehen und in dem Glauben stärken, daß das Scheitern nicht heillos ist, weil Gott in ihm sich selbst – den verheißungsvollen Anfang – greifbar macht?

Aber das Mißtrauen gegen die helfenden und beratenden Berufe in der Kirche wächst. Sind sie nicht doch letztlich eine unerwünschte Konkurrenz für die „eigentliche" Seelsorge? Unerwünscht deshalb, weil sie mit ihrer Existenz augenfällig machen, was die Seelsorge weithin vernachlässigt hat? Unerwünscht auch deshalb, weil sie das Bild in Frage stellen, das man vom Scheiternden hat – und davon, wie er scheitern sollte, wie er sein Scheitern zu bewältigen hätte? Unerwünscht schließlich deshalb, weil plötzlich auch mancher Kleriker sich von den helfenden Berufen Hilfe erhofft – und sich dabei als Scheiternder erfährt, mit höchst unerwünschten Einsichten und Konsequenzen?

Manchen kommt das „spezifisch Christliche" zu kurz, zumal dann, wenn auch noch ökumenisch Hilfe angeboten wird. Schließlich sind kirchlich bezahlte Helfer doch dafür da, daß katholisch geholfen wird. Oder trauen sie sich nicht mehr, den Hilfesuchenden mitzuteilen, wie man als Glaubender sein Scheitern im Glauben zu verarbeiten und zu bewältigen hat? Trauen sie sich nicht mehr, die kirchliche Moral- und Ehelehre als die im Moment vielleicht nicht voll realisierbare, aber nach der Scheiternsphase eben wieder unverrückbar gültige Vorgabe zur Sprache zu bringen? Müßte es ihnen denn nicht entscheidend darum gehen, die aus der Lebens- und Weggemeinschaft der praktizierenden Katholiken Herausgescheiterten nach einem möglichst kurzen Irrweg, nach möglichst kurzfristiger Abweichung wieder auf den rechten Weg zurückzubringen?

Irgendwie bleibt man einem Bild von Scheiternshilfe verpflichtet, das von einer doch sehr verkürzten Wahrnehmung des Gleichnisses vom verlorenen Sohn (oder vom barmherzigen Vater) abgeleitet scheint: Man hat ja lange schon kommen sehen, daß das nicht gut gehen kann; und man hat es oft genug gesagt. Aber keiner hört ja auf uns! Und so kam es, wie es kommen mußte. Wer den – von uns – vorgezeichneten und vorgeschriebenen guten Weg leichtsinnig verläßt, wer meint, er sei klüger und könne es auf eigene Faust versuchen, der *muß* ja scheitern. Das kommt davon, daß man auf uns nicht mehr hört. Aber wir sind ja nicht nachtragend. Wer einsieht, daß er in die Irre gegangen und in die Sackgasse geraten ist, wer den Weg zurück ehrlich sucht, dem helfen wir, den begleiten wir, den nehmen wir mit offenen Armen wieder bei uns auf!

Dürfen, ja können die mehr oder weniger professionellen Scheiternshelfer dann noch etwas anderes sein wollen als Rückkehrhelfer? Kann es ihnen im Entscheidenden um etwas anderes gehen als darum, dezent und „menschlich", aber im entscheidenden Augenblick eben doch ohne Wenn und Aber die reuige Rückkehr anzumahnen? Man kann und darf nun einmal nicht darüber hinweggehen, daß der Scheiternde – wenn auch vielleicht schuldlos – geirrt hat, wie der verlorene Sohn, der die Segnungen des Vaterhauses geringachtete und sie leichtfertig aufs Spiel setzte. Man muß die Irrenden zum Umkehren veranlassen, sonst verrennen sie sich immer nur noch auswegloser in der Sackgasse!

Die Metapher der Umkehr ist nicht ohne Zwiespältigkeit: Sie legt die Erfahrung einer Sackgasse nahe, an deren Ende angekommen man eben nicht mehr anders kann, als den Irrweg zurückzugehen bis dahin, wo man vom rechten Weg abgewichen war. Scheiternshelfer sind dann Umkehrhelfer in dem Sinne, daß sie den Weg zurück mitgehen bis dahin, wo der Scheiternde „damals" an der Weggabelung den falschen Weg genommen hat. Wahrscheinlich macht dieses Bild vom Scheitern es in den meisten Fällen unmöglich, Scheiternden zu helfen; eine Mißerfolgserfahrung, die dann regelmäßig der Verstocktheit der Scheiternden zugerechnet wird.

Aber es ist fast unmöglich, das eigene Scheitern als solches wahrzunehmen und anzunehmen, wenn eine(r) danebensteht, der durch mein Scheitern bestätigt wird und den stillen Triumph, endlich Recht zu bekommen, kaum verhehlen kann. Seine Hilfe wäre mir eine fortgesetzte Demütigung, eine auf meine Kosten genossene Selbstbestätigung. Ich müßte fortwährend zugeben, was er mir immer schon gesagt hat, was ich mich bisher nur weigerte zuzugeben. Und so wende ich mich von ihm ab: Der hat ja keine Ahnung von dem, was ich erfahren habe. Und in seiner Ahnungslosigkeit meint er, seine fertigen Rezepte könnten mir irgend etwas helfen. Ich kann aber nicht das Geringste damit anfangen. Ich kann den Hochmut nicht aushalten, in dem er mir Rezepte verordnet, ohne sich auf mich eingelassen zu haben.

Dieses *Schema gescheiterter Kommunikation* verursacht gar nicht so selten das Scheitern der Seelsorge, das Scheitern der Kirche in den Krisen, die wir gegenwärtig so bedrängend erfahren. Wer es immer schon gewußt hat und so kommen sah, der wird als hochmütig ahnungslos wahrgenommen und abgelehnt; der zeigt damit nur, daß er sich „heraushält", daß er sich auf die Dramatik des Scheiterns nicht einlassen will und vielleicht gar nicht einlassen kann. Er kann nicht mitscheitern, weil er sich rettungslos und „hilflos" in seiner Wahrheit verschanzt.

Dieses Schema gescheiterter Kommunikation ist von einer ziemlich unrealistischen Selbsteinschätzung bestimmt: von der Selbststilisierung als unangefochtene Wahrheitsbesitzer, die es deshalb in jeder Gesprächssituation nur auf die schon gewußte Wahrheit ankommen lassen können. Sie drängen den anderen von vornherein die Rolle dessen, der letztendlich – weil er hilflos gescheitert ist – uns doch noch Recht geben muß, wie ein Tributpflichtiger, der die Überlegenheit des Mächtigen anzuerkennen hat. Niemand sollte sich darüber wundern, daß man diese Rollenzumutung zurückweist, wo immer man kann; denn sie mutet dem Scheiternden eine für ihn fast unmögliche Rolle zu, eine Rolle, die die Erfahrungen des Scheiterns durchzustreichen verlangt.

Die Selbststilisierung als unangefochtene Wahrheitsbesitzer ist nicht nur wenig hilfreich; sie ist – wie gesagt – auch noch unrealistisch, wenn auch eine Verlockung für kirchliches bzw. kirchenamtliches Selbstverständnis. Wer den rechten Weg für sich gepachtet zu haben meint, für den sind alle anderen Wege Irrwege, die nur als Sackgassen enden können, die eben nur den Rückweg offenlassen. Und am Ende des Rückweges stehen wir, die wir wieder einmal Recht behalten haben und uns eigentlich nur darüber wundern, warum die anderen so lange gebraucht haben, bis sie es endlich merkten.

Aber ist es denn wirklich so? Ist die Gemeinde der Glaubenden denn nicht eine Weg-Gemeinschaft, die sich auf ihrem Weg in den Fußspuren Jesu *weiterfragen* und weitertasten muß – ohne davor sicher zu sein, auf Abwege zu geraten; freilich mit der Glaubenszuversicht, die den guten Weg markierenden „Fußspuren" nicht aus dem Blick zu verlieren? Wir sind nicht die Wahrheitsbesitzer, die genau wissen, wohin die Reise geht. Wir dürfen die von Gottes Wahrheit, von Gottes Heils-Wort Bewegten sein, das uns im Weg Jesu Christi greifbar und verstehbar geworden ist, das uns in Gottes Heiligem Geist neu bewegen und zur Suche nach den Spuren des Christusweges inspirieren will. Gottes Heilswahrheit steht uns nicht zur Verfügung wie eine Landkarte, auf der wir von vornherein – mit etwas Erfahrung – den richtigen von den vielen falschen Wegen unterscheiden könnten. Gottes Wort ist uns zugesprochen in einem Weg – in Jesu Weg –, der von uns fortgesetzt (nicht einfach wiederholt), immer wieder neu gefunden, als der gute Weg entdeckt und – im Blick auf den Weg Jesu und die Zeichen unserer eigenen unübersichtlichen Situation – als solcher identifiziert werden will.

Der Weg Jesu ist uns Wahrheit über unserem Weg. Aber was uns diese Wahrheit bedeutet, wohin sie uns weist, das will immer wieder herausgefunden werden. Es ist der Heilige Geist, der uns finden läßt. Und er „weht" – er wirkt und inspiriert –, wo wir *gemeinsam* nach unserem Weg in den Fußspuren Jesu suchen, wo wir einander als Suchende ernstnehmen und als Weggefährten annehmen. Die reichen Erfahrungen, die die Weggemeinschaft Kirche bei der Suche nach ihrem Weg in den Fußspuren Jesu Christi gemacht hat, sind uns unverlierbar wichtig. Aber sie legen den Weg, den wir jetzt gehen müssen, nicht einfach fest. Sie helfen (wenn auch nicht immer), ihn zu finden; sie schließen bestimmte (wenn auch nicht alle) Irrwege aus.

Wer sich selbst vor Irrwegen und Sackgassen nicht sicher weiß, der wird zur Solidarität mit denen fähig, die auf ihrem Weg scheitern. Der traut auch den Scheiternden noch zu, daß ihre Erfahrungen wichtig sind für uns alle, daß sich Gottes Wahrheit auch in ihrem Scheitern erschlossen haben mag und daß die Botschaft dieses Scheiterns mich angeht; der gesteht den Scheiternden und Gescheiterten zu, mit ihrer Erfahrung Sicherheiten in Frage zu stellen, die wir bei unserer Kursbestimmung bisher fraglos gelten ließen. Wer den Scheiternden diese Autorität nicht einräumt, der wird sich ihnen gegenüber von vornherein im Recht wissen; der wird ihnen nicht scheitern helfen können, der wird ihnen nicht in ihrem Scheitern helfen können.

Scheitern macht Angst

Uneingestandene Angst ist der schlimmste Feind jeder hilfreichen Beziehung. Und die Möglichkeit des Scheiterns stürzt die vom Scheitern Bedrohten in die abgründigsten Ängste. Die Angst, all das sei nicht länger tragfähig, worauf man den eigenen Lebensentwurf gegründet hat – und darunter öffne sich das Chaos; die Angst, auf dem Rücken eines Pferdes beim „Ritt über den Bodensee“, auf dünnem, splitterndem Eis aufzuwachen; die Angst, daß es nicht mehr so weitergeht, daß der Halt, daß die Verläßlichkeit wegbricht, auf die man sich bisher verlassen konnte – wer sie durchgemacht hat und aushalten mußte, der wird ungeduldig mit Menschen in seiner Umgebung, die *ihren* Ritt über den Bodensee offenbar völlig ahnungslos absolvieren; die keine Ahnung haben von dem, was man selbst erlebt hat. Ob sie sich weigern, ihrer eigenen Angst innezuwerden? Ob sie sie verdrängen, krampfhaft im Untergrund halten und alles tun, damit sie nicht „hochkommt“?

Scheiternde können angebotene Hilfe nicht ernstnehmen und annehmen, wenn sie spüren, daß der andere keine Ahnung davon hat, was mit ihnen geschieht. Die Auseinandersetzung des *Ijob* mit seinen Freunden bringt diesen ausweglosen Konflikt zur Sprache und zur Klage. Die Freunde setzen sich zu ihm, aber sie lassen sich auf sein Scheitern nicht ein. Sie bieten ihm eine Sinndeutung an, deren „Kosten“ er freilich selbst zu tragen hätte: Scheitern ist dazu da – von Gott geschickt –, der eigenen Sündhaftigkeit innezuwerden. Damit ist das Scheitern eingeordnet, in seiner Funktion begriffen. Und was will der Scheiternde mehr, als daß man ihm hilft, diesen Sinn zu begreifen!

Ijob verbittet sich diese Hilfe, diesen billigen und auch noch auf seine Kosten angebotenen Trost. Und er wird deutlich: „So seid ihr jetzt ein Nein geworden: Ihr schaut das Entsetzliche und schaudert“ (6,21). Der Schauder vor dem unfaßbaren Leid hat die Abwehr- und Distanzierungsmechanismen in Gang gesetzt. Die „Freunde“ wollen sich vom Leib halten, was auch ihnen Angst macht; so halten sie sich den Scheiternden selbst vom Leib. Und so sind sie ihm ein „Nein“ geworden – er muß sich von ihnen abgelehnt erfahren. Seine Reaktion ist entsprechend:

„Ihr aber seid nur Lügentüncher, untaugliche Ärzte alle.

Daß ihr endlich schweigen wolltet;
das würde Weisheit für euch sein ...
Eure Merksätze sind Sprüche aus Staub,
eure Schutzschilde Schilde aus Lehm" (13,4f., 12).

„Auch ich könnte reden wie ihr, wenn ihr an meiner Stelle wäret,
schöne Worte über euch machen und meinen Kopf über euch schütteln.
Ich könnte euch stärken mit meinem Mund,
nicht sparen das Beileid meiner Lippen" (16,4f).

Die untauglichen Ärzte halten Merksätze wie Schilde vor sich hin, das Entsetzliche abzuwehren. Aber es sind ja nur Schilde aus Lehm, Grundsätze aus Staub; zum Kämpfen und zum Trösten taugen sie nicht. Das „Beileid der Lippen" taugt gerade noch dazu, den Trostbedürftigen zu verletzen.

Die Seelsorger fühlen sich gar nicht so selten in der Rolle der hilflosen Hiobfreunde. Ihre „Merksätze" zerfallen ihnen zu Staub; und sie merken, daß sie „Schilde" in der Hand halten gegen das, was da auf sie einstürzt an Bestürzendem, Erschütterndem. *Die Merksätze,* die das Scheitern interpretieren und zugleich festlegen, wie es auszugehen hat: mit der Zurücknahme des Irrwegs, mit der Umkehr zu den immer noch geltenden Normen, die man einfach nicht so sträflich vernachlässigen darf – sind sie nicht Staub, ein vergeblicher Schutzwall aus Lehm?

Wer eine gescheiterte Beziehung durchlitten und zu Ende erlitten hat, der kann sich vermutlich auch selbst sagen, woran es wohl gelegen hat; der wird selbst am besten wissen, wo er schuldig geworden und wie er sich schuldig geblieben ist – wenn man ihn nicht zur Selbstverteidigung zwingt und verführt. Er wird aber auch die tragische Ausweglosigkeit einer Beziehung erlebt haben, in der zwei Menschen kaum zueinander finden konnten; die Verstrickung in Mechanismen der Gesprächsverweigerung, die sie sprach- und hoffnungslos machte, die schließlich über ihre Kräfte ging. Die „moralische" Deutung als Versagen – die kennen sie; mit der machen sie sich selbst immer wieder mutlos. Es macht sie aggressiv, wenn diese Deutung ihnen auch noch – wie getarnt auch immer – auf unseren Lippen, in unserem „Verständnis" begegnet. Ist es nicht Selbstschutz – unser „Verstehen"? Abschirmung der Herausforderung, die uns im Scheitern des anderen begegnet?

Die Autorität des Scheiternden oder Gescheiterten achten hieße: ihm die Erfahrung, die er mir voraus hat, nicht bestreiten, auch wenn ich seine Scheiternserfahrung niemals machen möchte. Er weiß etwas über das Menschsein, über Beziehung, über Tragik und Schuld – nicht auch von Gott? –, was ich nicht weiß; was mich vermutlich zutiefst in Frage stellt, wenn ich mich auf ihn und auf seine Erfahrung einlasse – wenn mir sein Scheitern, sein Leidensweg etwas bedeuten dürfen. Dem Scheiternden ein hilfreicher Mitmensch sein, das gelingt wohl nur, wenn ich mich vor der Botschaft nicht fürchte – nicht zu sehr fürchte –, die der Scheiternde für mich ist und sein will; wenn ich ihm die Autorität des Erfahrenen einräume und seine Erfahrung mit meiner ehrlich zusammenbringen will; wenn ich ihm Begleiter sein will, ohne ihm eilfertig den Weg vorzuschreiben.

Diese Hilfe im Scheitern gelingt nicht allzu oft. Sie verlangt so viel, daß sie meist über unsere Kräfte geht. Und wir verschaffen uns mit Patentrezepten Erleichterung – wenn es gut geht, auch dem Gescheiterten. Es wäre zuviel verlangt, wenn wir uns immer gleich die Bereitschaft zu solcher Scheiternshilfe abverlangten, wenn wir von den Gemeinden, von „der" Kirche, immer gleich die Fähigkeit und die Bereitschaft zu solcher Scheiternshilfe erwarteten. Aber eins könnte die Besinnung auf das wirklich Hilfreiche doch anstoßen: die eingefahrenen Bilder der Scheiternsbewältigung daraufhin zu überprüfen, ob sie nicht eher uns – denen, die helfen wollen oder sollen – das Scheitern vom Leib halten, ob sie nicht eher unsere eigene Scheiternsangst bewältigen helfen und uns die Gewißheit geben sollen, daß uns das nicht passieren kann, weil *wir diesen* Fehler nicht machen werden.

Hilfe zum Heilwerden

Hilfe im Scheitern kann im Grunde immer nur bedeuten: Hilfe zum Heilwerden, Hilfe zum „Heiligwerden". Sie kann denen nicht gelingen, die den hilflos Scheiternden brauchen, ihrem eigenen Scheitern auszuweichen; die selbst nicht „heil" werden wollen. Hilfe zum Heil- und Heiligwerden, wissen wir überhaupt noch, was das ist? Was das sein könnte in einem Zeitalter umfassender Gesundheitsfürsorge von der Wiege bis an die Bahre? Man hat zu Recht darauf hingewiesen, daß das Gesundsein für unsere westlichen Gesellschaften längst die Stelle des „Heiligseins" eingenommen hat. So ist die Hilfe zum Gesundwerden der geradezu priesterliche Dienst in der modernen Zivilisation. Die Hilfe der Ärzte, der Krankenpfleger(-innen), sie ist willkommen und – was die Ärzte angeht – auch gut honoriert. Aber zum Neid besteht für die Priester und Seelsorger der Kirchen kein Anlaß. Immer deutlicher zeigt sich, wo und wie der „Fetisch Gesundheit" seine Opfer fordert; immer deutlicher auch zeigt sich, warum Gesundsein und Heilsein nicht dasselbe sein können.

Hilfe zum Gesundwerden darf sich zunächst einmal darauf beschränken, die krankhafte Abspaltung körperlicher oder seelischer Prozesse aus dem Funktionszusammenhang leibseelischen Lebens zu heilen, das leibseelische *Integriertsein* des Menschen – so gut es geht – wieder herzustellen. Aber schon die alten Kulturen haben gewußt, daß leibseelische Dissoziation und Dezentrierung noch weiter und tiefer reichen kann: wenn der Mittelpunkt des Lebens verloren ist, so daß vieles aus der Ganzheit des Lebens ausgeschlossen – „exkommuniziert“ – werden muß, was eigentlich „dazugehört“. In psychotherapeutischen Kuren versucht man heute, die verlorene Ganzheit wenigstens insoweit wiederzugewinnen, als die „Exkommunikation“ sich auf die Biographie des Leidenden bezieht – auf traumatische Lebensabschnitte und Beziehungserfahrungen, die den Leidenden folgenreich „aus der Bahn geworfen“ haben. Aber es geht beim Heil- und Heiligsein noch um wesentlich mehr: darum, zusammenzuhalten und zusammenzubringen, was zusammengehört; in das Leben der Menschen und ihr Zusammenleben hereinholen, was man oft und schnell hinauszudrängen und draußenzuhalten versucht, was – oft folgenreich – verdrängt und abgespalten wird. Die „Reintegration“ durch medizinisch-therapeutische Hilfe dürfte sich doch nicht darauf beschränken, das Weiterfunktionieren sicherzustellen und den Patienten wieder und noch einmal „davonkommen“ zu lassen. Aber kann sie ihm wirklich helfen, *das* in sein Leben hereinzuholen, was da in den Krankheitssymptomen womöglich gerade an die Tür klopft? Oder kann sie nur das Klopfen abstellen?

Im Blick auf den verwundeten Arzt Jesus Christus haben Glaubende – Mystiker(-innen) – immer wieder versucht und vermocht, das, den (und die) in ihr Leben hereinzuholen und bei sich wohnen zu lassen, dem (und denen) man „normalerweise“ als ungebetenem Gast die Tür wies. Heiligsein war für sie kein fernes, jenseitig – verklärtes Ideal, sondern die Herausforderung, zusammenzubringen, was zusammen gelebt sein will: Gesundheit und Krankheit, Glück und Scheitern, Angesehensein und Verachtetsein, Kleinsein und Großsein, Dienen und Herrschen, Entbehrung und Genuß, Tüchtigsein und Hilflossein, Stark- und Schwachsein, Einsamkeit und Gemeinschaft, Leiden und Lust. In all das „eingeweiht“ (Phil 4,11) wußten sie auch um das Zusammengehören von Zeit und Ewigkeit, Glaube und Sünde, Gott und Mensch. Sie hielten es glaubend zusammen, ohne es zu verwischen oder das eine für das andere auszugeben.

Sie hielten es zusammen in der Kraft des Gottesgeistes, der die Menschen mit Gott zusammenbringt; der den Glauben stärker sein läßt als die Sünde, das Leben stärker als den Tod; der die Menschen, die sich ihm öffnen, Heilige sein läßt: ganze Menschen.

Die Kirchen haben religiöse Praktiken, Institutionen, Lebensformen und Übungen kultiviert, in denen die Glaubenden das Zusammenbringen lernen und einander dabei helfen konnten, Heilige zu werden: vor Gott heil zu werden und im Zusammensein mit ihm heilig zu werden. Das Bußsakrament gehört zu diesen Übungen; ebenso das Beten, die Exerzitien, die Liturgie insgesamt. Weil Gott nichts Menschliches fremd ist, deshalb muß auch denen, die zu ihm gehören, nichts Menschliches fremd bleiben. Die Menschlichkeit der Kirche erwies und erweist sich immer wieder daran, daß auch ihr nichts Menschliches fremd ist; daß sie nicht vor die Tür weist, was zum menschlichen Leben und Zusammenleben gehört.

Daß der Kirche dieses Zusammenbringen und Zusammenhalten nicht immer gelungen, ja daß es ihr mitunter verheerend mißlungen ist, daß sie die Spannungen nicht aushalten konnte, die Gott aushält, das ist ihrer Sünde zuzurechnen, in der sie voneinander „absonderte", was zusammengehört. Das deutsche Wort Sünde (von Absondern) ist ja das genaue Widerwort zur Heiligkeit. So ist es aber auch dem Kritiker der Kirche abzuverlangen und abzubitten, daß er zusammenhält, was nicht auseinandergerissen werden darf: den Heilsdienst der Kirche, der zusammenbringen hilft, was eben nur im Glauben zusammenzubringen ist, und die Exkommunikationen und Abspaltungen – etwa der Sexualität, des Fraulichen, des Männlichen –, in denen die Kirche sich versündigt und ihren Heilsdienst vereitelt. Wie hilfreich wäre Kritik, wenn sie zugleich das Zeugnis glaubenden Zusammenbringens und Zusammenhaltens wäre; wenn sie der Heiligkeit diente. Als „heiliger Zorn" wird auch der Zorn noch fruchtbar. Aber wir wissen es, wie wenig wir bei der Kirche zusammenhalten können, was man auch bei ihr nicht auseinanderreißen darf: Heiligkeit und Sünde, Verrat und Zeugnis – bei ihr und bei uns. Halten wir das aus, bei uns, bei der Kirche? Lassen wir das Scheitern „bei uns wohnen“? Haben wir noch Augen und Sinn dafür, daß die Kirche in all ihrer Sündigkeit die Kirche der *Heiligen* war und ist, als Lebensraum derer, die dem Geist Gottes ihr Heil verdanken – die ihn erfahren als die Macht, die sie mit Gott zusammenbringt, die sie inspiriert, all das in ihr Leben hereinzuholen – zu leben –, was das Leben mit Gott als sein Geschöpf unter Mitgeschöpfen ausmacht?

„Entsorgung“ des Scheiterns?

Gesellschaften und Gemeinschaften – auch religiöse Gemeinschaften – sind geneigt, das Scheitern (und die Scheiternden) erst einmal zu „entsorgen“ und „unschädlich“ zu machen; dafür zu sorgen, daß Scheitern und Scheiternde (wie Gescheiterte) die Routine eingespielter Verhaltensmuster und „bewährter“ Regelungsmechanismen nicht zu sehr stören. Jedes Scheitern stellt die Tragfähigkeit und Verläßlichkeit der gemeinschaftlich-gesellschaftlichen Organisation unseres Alltags in Frage. Am Scheitern des Mitmenschen zeigt sich, daß die Alltagsverläßlichkeit, für deren Stabilisierung wir viel Anstrengung und viele Mittel aufwenden, das Scheitern nicht verhindert, es u. U. geradezu provoziert und damit im Grunde keinen – auch mich nicht – vor dem Scheitern bewahren kann.

Die einfachste Entsorgungsmöglichkeit ist die Individualisierung des Scheiterns: Da hat sich einer eben nicht an die Standards gehalten, die es ihm ermöglicht hätten, am allgemeinen Gelingen teilzuhaben. Nun muß er selbst zusehen, wie er – unter Ausnutzung der ihm ja immer noch angebotenen Hilfen – zurechtkommt, wieder auf die Beine kommt. Wie diese Entsorgungsideologie scheitert und dennoch zäh überlebt, das kann man sich an der öffentlichen Wahrnehmung der Massenarbeitslosigkeit klarmachen: Der erste Impuls ist immer der, das Arbeitslosenschicksal als verdiente Konsequenz individuellen Fehlverhaltens zuzurechnen: Wenn er nicht so lange gebraucht hätte mit seinem Studium ..., wenn er mit seinem Lehrherrn besser zurechtgekommen wäre ..., wenn sie sich nur rechtzeitig hätte umschulen lassen ..., warum mußte sie sich auch auf diesen überlaufenen Modeberuf festlegen! Daß der Gescheiterte es nicht „clever" genug angefangen hat, das ist eine Vermutung, die man sich nur schwer widerlegen läßt, vor allem dann, wenn man in der jeweiligen Hinsicht eher zu den Gewinnern zählt; man hat es eben auch besser angefangen. Der Gescheiterte, der als lebensuntüchtiger Versager „weggerechnet" wird, muß dann eigentlich nur noch aus der Arbeitslosenstatistik weggerechnet werden – an entsprechenden Versuchen mangelt es ja nicht –, um gesellschaftlich endgültig „entsorgt" zu sein. Er fällt jetzt nur noch der Kommune – der von ihr zu tragenden Sozialhilfe – zur Last. Aber was dort vor sich geht, das kommt in den Massenmedien – im öffentlichen Bewußtsein – ja sowieso nicht mehr vor.

Diese bequeme, wenn auch durchaus kostspielige Art der Entsorgung von Scheitern wurde auch durch das Hochschnellen der Arbeitslosenzahlen nicht völlig unmöglich gemacht. Jeder kannte einen Personalchef, einen Handwerksmeister, eine Geschäftsführerin, die händeringend und ohne Erfolg qualifiziertes Personal suchen oder Leute, die sich die Hände wirklich noch dreckig machen wollen. Sie sind einfach nicht zu finden. Der Schluß auf die Drückebergerei der in ihrem „Scheitern" bequem sich Einrichtenden wird allenthalben gezogen. Jetzt, wo uns millionenfache Arbeitslosigkeit in den „neuen Bundesländern" ins Haus steht, will man das nicht mehr so einfach sehen. Jetzt ist klar, daß diese Arbeitslosen nur die Suppe auslöffeln müssen, die ihnen vierzig Jahre „sozialistische Mißwirtschaft" eingebrockt haben. Aber beklagen dürfen sie sich nicht. Wir tun ja, was wir können. Die Regierung bricht sogar ihr Wahlversprechen, um ihnen zu helfen.

Die Entsorgung des Scheiterns funktioniert auch hier noch: Die Schuldigen sind gefunden; an uns – an der Qualität der von uns mitgetragenen und unter vielen Opfern aufrechterhaltenen Alltagsverläßlichkeit – kann es nicht liegen. Außerdem wird den Scheiternden ja nach Kräften geholfen. Wäre ihnen nicht am besten geholfen, wenn ihr Scheitern ernst genommen, als Frage an die „Machart" – an die Gesetze – unserer Alltagsverläßlichkeit ernst genommen würde? Wenn die Scheiternden ihre Erfahrungen einbringen könnten mit dem, was sie scheitern ließ? Das nützt gar nichts – so hört man –, denn sie haben ja gar nicht die Erfahrung und den Überblick, mit dieser schwierigen Situation sinnvoll umzugehen. Das bringen wir besser allein in Ordnung. Die Entsorgung des Scheiterns funktioniert. Wir lassen es uns etwas kosten, diese besonders problematische Art von „Sondermüll" strahlungssicher unterzubringen. Nur pfuscht uns bitte mit eurem Moralisieren nicht ins Handwerk! Es ist schon schwer genug.

Daß zwei Drittel der Welt wirtschaftlich und sozial vor sich hin scheitern, das läßt sich nach dem gleichen Schema „bewältigen": Mißwirtschaft, wohin man sieht; Unfähigkeit und Unwilligkeit, aus den angebotenen Hilfen auch wirklich etwas zu machen. Die Scheiternden selbst sehen das zwar anders; aber sie sind ja Partei. Sie schieben uns die Schuld zu, weil sie einen Sündenbock brauchen, um von ihrer eigenen Unfähigkeit abzulenken. Wir können doch auch nichts für unsere eigene Tüchtigkeit!

Aber was ist, wenn sich das Scheitern unserer Art des Wirtschaftens – unseres Stils der Alltagsverläßlichkeit – an unserer eigenen Tüchtigkeit ganz konkret abzeichnet? Wenn sich zeigt, daß wir allesamt miteinander das grausame Scheitern unserer Nachkommen programmieren, weil wir ihnen eine ausgebeutete und zerstörte Natur hinterlassen? Da wird doch mancher Meinungsführer nachdenklich; sogar die Autoindustrie fordert mehr Investitionen in den öffentlichen Nah- und Fernverkehr (schließlich kann man schnelle Autos auch nicht mehr so gut verkaufen, wenn auf den Autobahnen nichts mehr geht). Man leistet sich Nachdenklichkeit und moralische Appelle an die Endverbraucher, sie mögen ihren Hausmüll verantwortlich entsorgen, also trennen und womöglich dem Recycling zuführen. So wächst doch gewiß die Zuversicht, daß man die Dinge in den Griff bekommt, wenn nur alle guten Willens sind. So macht man sich an die Entsorgung des schlechten Gewissens, wir könnten in unser Scheitern die Generationen nach uns mit hineinreißen.

Den Scheiternden Mitsprache geben!

Das alles ist bis zum Überdruß besprochen, hin und her gewendet, beklagt. Scheitern denn nicht alle Versuche, die Strategien zur Entsorgung des Scheiterns zu unterlaufen? Auf dieses Scheitern muß man es wohl ankommen lassen. Sonst bliebe einem ja nur noch, zynisch mitzuentsorgen – wider besseres Wissen. Wenn das, was über die Autorität der Scheiternden gesagt wurde, nicht bloß im Individuellen bleiben soll, so ergibt sich daraus die Verpflichtung, die Scheiternden auch in gesellschaftlichen, ja globalen Zusammenhängen zu Wort kommen zu lassen – gegen die Ideologien derer, die immer schon dabei sind, das Scheitern zu entsorgen. Es geht nicht nur darum, sich in unheimlicher Betroffenheit mit den Elenden aller Völker zu identifizieren und ein unheimlich gutes Gewissen dabei zu haben, daß man nicht so ist wie die Pharisäer in den Vorstandsetagen und Parteizentralen. Es geht auch nicht um die naive Verachtung ökonomischen Sachverstands, um das vornehme Sich-Heraushalten aus den Zwickmühlen unerfreulicher Alternativen. Es geht einfach darum, das massenhafte Scheitern nicht nur achselzuckend hinzunehmen als den unvermeidlichen, wenn auch unerfreulich hohen Preis der fälligen „Umstrukturierungen“.

Auch – und gerade – die achselzuckende Resignation kann ja bequem sein: Man tut, was man kann; aber mehr kann man auch nicht tun! Die Betroffenen zu sehen und zu hören ist aber immer unbequem. Die Erfahrung der Scheiternden nicht nur als deren verständliches Ressentiment abzuhaken, das verlangt viel; wer sich darauf einzulassen versucht, der wird wissen, *wie viel*. Aber es ist nun einmal die Sendung derer, die ihren Weg in den Fußspuren Jesu Christi, des Gescheiterten, suchen, daß sie nicht nur *seine* Botschaft zu verstehen und ernst zu nehmen versuchen, sondern auch die Botschaft der Scheiternden unter uns – und nach uns. Die Theologie der Befreiung klagt diese Dimension gegen eine zentralistische, die „Einbahnkommunikation“ vom Zentrum zur Peripherie hin favorisierende Ekklesiologie und Kirchenrealität ein. Sie will die Erfahrungen der Marginalisierten, vom Zentrum an den Rand Gedrängten, sprach- und brotlos Gemachten zur Sprache und zu Bewußtsein bringen, zur Herausforderung machen. Und sie geht noch einen entscheidenden Schritt weiter: Sie bestreitet den karitativ wohlmeinenden Betrachtern aus der nördlichen Hemisphäre das Recht, einfach als Scheitern einzuordnen, was ihnen nach ihren eigenen Maßstäben als nicht gelungen erscheint. Die theologisch-karitative Verklärung des Scheiterns der anderen mag Hilfsbereitschaft mobilisieren. Aber die Hilfe gilt eben den als gescheitert Qualifizierten; sie gilt der Abhilfe im *Scheitern*, der Korrektur des offensichtlich Mißlungenen. Müssen sich die Hilfsbereiten nicht selbst korrigieren lassen bei ihrem Urteil über gelungen und nicht gelungen? Müssen sie sich nicht darauf gefaßt machen, daß die Stimmen, von denen sie die Klage über ihr Scheitern erwarten, von Erfahrungen gelingenden – anders gelingenden – Lebens erzählen wollen? Ist das „Scheitern“ der anderen nicht gerade dann besonders irritierend und in Frage stellend, wenn es von den „Scheiternden“ gar nicht als Scheitern erlebt wird, wenn die Botschaft dieses „Scheiterns“ Anfrage an unser Gelingen sein will, Zeugnis eines Gelingens, das *unser* Gelingen zutiefst in Frage stellt?

Kann die Kirche – die Nachfolgegemeinschaft derer, die sich ihren Weg in den Fußspuren Jesu Christi suchen – der Kommunikationsraum sein, in dem diese Botschaften, die Botschaft der Gescheiterten und der nur vermeintlich Gescheiterten, derer, die man immer nur in die Rolle des Gescheiterten hineindrängen wollte, Resonanz und Gehör finden? Verständigungsraum, in dem sich Widerstand regt gegen die Entsorgung des Scheiterns, gegen die Verleugnung all dessen, was wir als Scheitern definieren und entsorgen?

Fürsprecher und nicht Vormund sein

Die Befreiungstheologie mag innerkirchlich noch so umstritten sein. Gegenwärtig erklärt man sie für gescheitert und organisiert ihr Scheitern, indem man etwa ihre Ausbildungsstätten schließt. Sie hat die Kirche hoffentlich unverlierbar nachdrücklich und überzeugend daran erinnert, daß sie Paraklet – Anwalt – der Schwachen und Gescheiterten sein muß und sich gerade darin als vom göttlichen Parakleten inspiriertes Geistgeschöpf erfahren kann. Es gehört zu den hoffnungsvollen Aufbrüchen in der Kirche, daß dies nicht mehr in Zweifel gezogen, im Prinzip jedenfalls zugestanden und vielfach konkret riskiert wird, nicht zuletzt von einem Papst, der hier eine deutliche, ganz und gar undiplomatische Sprache sprechen kann.

Die Parakletfunktion der Kirche als Konkretion ihres Aus-dem-Geist- und Im-Geist-Seins: an ihr kann die Kirche neu entdecken, wozu sie gesandt ist. Diese Einsicht ist weder neu noch originell. Vor fast vierzig Jahren hat *Heinrich Fries* ein immer noch beachtenswertes

Büchlein geschrieben mit dem Titel „Die Kirche als Anwalt des Menschen". Und er begründet die im Titel ausgesprochene These mit dem ekklesiologischen Grundsatz, in der Kirche und durch sie werde hier und heute *„das Ja zum Menschen gegenwärtig* ..., das Gott in den Werken der Schöpfung und vor allem der Erlösung über den Menschen ausgesprochen hat". Was hier als Grundsatz ausgesprochen wurde, will wahr werden, will konkrete kirchliche Realität werden. Und es wird wahr, wo die Beschuldigten und (Vor-)Verurteilten in der Kirche ihren „Anwalt" finden; wo die Gescheiterten in ihr und von ihr glaubwürdig jenes „Ja" hören, in dem Gottes Heiliger Geist selbst gegen die Mechanismen der Wegwerfgesellschaft und Wegwerfwelt anspricht, wo er die Entsorgung der Scheiternden als (Selbst-)Betrug zur Sprache bringt. Paraklet ist die Kirche vor allem aber auch da, wo sie im Scheitern das Gelingen entdeckt und zur Sprache bringt; wo sie denen, die als Scheiternde abgestempelt sind, beisteht, damit sie uns auch mit ihren Erfahrungen des Gelingens in Frage stellen können.

Es macht – bei Gericht – eine nicht leicht zu nehmende Schwierigkeit des Anwaltsberufs aus, wirklich das zu vertreten, was der Beschuldigte oder die jeweilige Prozeßpartei von sich aus geltend machen und vorbringen will. Ein schlechter Anwalt weiß immer schon im vorhinein, was für seinen Klienten das Beste wäre und bringt es ihm mit seiner Juristenschläue dann auch so bei, daß der es ihm glaubt – wenn auch nicht für lange. Versteht sich die Kirche, verstehen wir uns auf die wahre Anwaltskunst? Ist uns das „hörende Herz" gegeben – haben wir es erbeten und es uns schenken lassen (1 Kön 3,9) –, das uns hörfähig macht für die Botschaft derer, für die wir eintreten dürfen und eintreten sollen?

Die vormundschaftliche Versuchung, es selber am besten zu wissen, ist – nicht nur in der Kirche – fast unwiderstehlich. Es ist die typische Versuchung der „hilflosen Helfer"; die Versuchung, sich dadurch als der Überlegene zu bestätigen, daß man die Mittel zur Abhilfe kennt und über sie verfügt. Es ist die Versuchung, auf die nicht weiter zu hören, über die – über deren Scheitern – man längst Bescheid weiß und auf die ja auch sonst niemand hört. Dabei ist unendlich viel guter Wille im Spiel – und verschwendet. Die Enttäuschung ist groß, wenn der, für den man dasein wollte, gar nicht zu schätzen weiß, was man „für ihn“ tut. Bitterkeit und Frustration richten sich dann schnell gegen die, die *den* Anwalt nicht haben wollen, der ich für sie sein wollte; gegen die, die mich nicht als Vormund haben wollen.

Im binnenkirchlichen Raum fällt es offensichtlich besonders schwer, das Paraklet-Sein zu realisieren. Das Scheitern und die Scheiternden in der Kirche scheinen Gemeinden und Amtsträger regelmäßig so sehr herauszufordern und in Frage zu stellen, daß auch sie ihre Zuflucht bei der Entsorgung des Scheiterns zu nehmen versucht sind. Die einfachsten Methoden sind Schuldzuweisung und juristische Regulierung. In beiden Fällen vertauscht man die Rolle des Parakleten mit der des Anklägers, auch wenn man sich ganz fürsorglich gibt. Die juristische Regelung beruht auf der Schuldzuweisung, vollstreckt sie gleichsam: Wer die eheliche Treue und Lebensgemeinschaft nicht durchhalten kann (will), der wird als moralisch fragwürdige Existenz und als an seiner eigenen Verfehlung Gescheiterter definiert; und dem entsprechend wird ihm ein kirchlicher Status minderen Rechts zugewiesen. Entsprechendes gilt für die am Zölibat „Gescheiterten“, sofern ihnen nicht überhaupt jeder kirchliche Status verweigert wird.

Paraklet-Sein hieße: die Botschaft dieses Scheiterns hören und sie zu verstehen suchen; herauszuhören versuchen, ob es einfachhin – wie man sofort annehmen möchte – die Botschaft eines Scheiterns ist oder nicht doch mehr: die Botschaft eines Reifungsweges vielleicht; eines Weges nicht ohne Niederlagen und Verwundungen, eines Weges aber auch, auf dem neue Kräfte und Fähigkeiten gewachsen sind, von denen der Außenstehende kaum etwas weiß; eines Weges mit eigener Würde und eigenem Ernst. Wie gut wäre es für alle, für die Kirche, wenn wir auf solche Botschaften hören könnten; wenn wir – in der Rolle des Parakleten – die so schnell als Scheiternde Definierten aus ihrer Rolle, Scheiternde zu sein und sonst nichts, herauslassen und uns an ihrem Weg mitfreuen könnten! Ist das zuviel verlangt? Stellt es uns – unser kirchliches System – zu sehr in Frage?

Wer wegen Heirat aus dem kirchlichen Amt entlassene Priester unter seinen Freunden und Weggefährten hat, der wird vielleicht immer wieder dankbar sein für die Erfahrungen, die sie einbringen, für die Sensibilität, aber auch die in manchen Kämpfen gewachsene Eigenständigkeit, die einem an ihnen begegnet. Ist es da gerechtfertigt – oder auch nur realistisch –, den, der einem so begegnet, als Scheiternden, als gescheiterte Existenz anzusehen? Und was immer wieder für aus dem Amt entlassene Priester gilt, gilt es nicht immer wieder auch für Geschiedene, ob sie zu einer neuen Partnerschaft gefunden haben oder nicht? Gilt es nicht auch – und das wäre vielleicht am schwersten zuzugeben – für die, die an der Kirche irre geworden sind und ihr nicht mehr angehören wollten, weil sie der Kirche ihre Botschaft nicht mehr abnehmen konnten? Heißt Paraklet-Sein nicht auch hier noch: wahrnehmen und sich mitfreuen darüber, was an neuen Möglichkeiten gewachsen ist; die Erfahrungen ernst nehmen und zu Wort kommen lassen, die den Weg bestimmen, den diese Menschen gegangen sind; nicht ohne Trauer womöglich, aber auch nicht ohne Hoffnung – für uns, für die Kirche, für sie.

Denken wir nur an das letzte Konzil! Es wäre (nach menschlichem Ermessen) nicht möglich gewesen ohne die vielen Christen, die in den Konflikt zwischen Evangelium und Kirche gerieten und in manchen Fällen exkommuniziert wurden. Sie mußten sich mitunter zeitlebens mit dem Stigma auseinandersetzen, als gescheitert zu gelten. Im deutschen Sprachraum ist etwa Josef Wittig (1879–1949) ein bewegender Zeuge. Wer heute seine Schriften liest, der wird sich dem Ernst und der Glaubensfreude kaum entziehen können, mit der dieser Mensch gegen seine Stigmatisierung als Gescheiterter anglaubte und ohne Resignation seine Glaubenserfahrung den Menschen seiner Zeit innerhalb und außerhalb der Kirche anbot. Vielen Menschen war dieses Angebot eine „Überlebenshilfe“ für ihren eigenen Glauben; Hilfe auch in ihrem eigenen Scheitern in und an der Kirche. Wer etwas vom Parakletgeist in sich haben darf, der wird diesen Geist auch in Wittigs Schriften spüren. Der wird ihn bei vielen Menschen spüren, die durch Scheitern hindurchgehen mußten, sich aber standhaft weigerten, immer nur Gescheiterte zu sein. Im Fall Joseph Wittig ist es tröstlich, daß es die (Amts-)Kirche schließlich selbst so sehen konnte.

Für eine parakletische Pastoral

Das Bild des Anwalts und Fürsprechers erschöpft das Wesen des Parakletischen in der Sendung der Kirche gewiß noch nicht. Das Johannesevangelium beschreibt den Parakleten als den Vergegenwärtiger der heilvollen Gottesverbundenheit in der von ihrem Meister „verlassenen“ Gemeinde; als den Ermutiger, der die Jüngerschar aufrichtet, da sie sich „von Gott und der Welt verlassen“ erfährt. Der Paraklet wird sie an all das *erinnern,* was zu ihrem Heil geschehen ist (14,26); er wird es in ihrer Mitte lebendig machen und sie so zum Zeugnis befähigen – zum Zeugnis für die Wahrheit, die frei und lebendig macht (15,26; vgl. 8,32). Der Paraklet „tröstet“, er vertröstet nicht: Er ist die Kraft, die die Glaubenden „bei Trost sein“ läßt, der sie hier und jetzt beherzt das Hilfreiche tun läßt, da er ihnen Gottes Wahrheit – Gottes Leidenschaft – *mitteilt.* Die Pfingstperikope der Apostelgeschichte zeigt den Mutmacher-Parakleten am Werk. Er öffnet die Türen der ängstlich in ihrer Erinnerung verschanzten Jüngerschar; er treibt sie hinaus; er entzündet in ihnen den Wagemut derer, die von sich wissen, daß sie den Menschen etwas zu sagen, etwas zu bringen haben.

Hat die Kirche erfahrbar teil an diesem Mutmacher-Parakleten, ist sie sein Geschöpf? Lebt sie die Ermunterung, die Ermutigung zum Zeugnis für die Wahrheit, die frei macht von der Enge der Angst; zum Zeugnis für den lebendigen Gott, der uns aus der Enge herausführt ins Weite (Ps 4,2)? Wer das Glück hat, in einer Gemeinde zu leben, in der das konkret erfahrbar wird, daß die Schwestern und Brüder einander im Glauben stärken, in der Liebe entzünden und zur Hoffnung inspirieren, der wird diese Frage dankbar bejahen. Und es kommt für unsere kirchliche Existenz entscheidend darauf an, daß wir einander immer wieder an solche Erfahrungen erinnern, wenn sie uns gerade nicht geschenkt sind. Für viele wird die Kirche aber mit einer anderen Erfahrung verbunden sein; eben nicht mit der Erfahrung, ins Weite geführt zu werden, sondern eher in die Enge. Und sie werden womöglich ein besonders schmerzliches Feld der Kirchenerfahrung ansprechen: den Bereich der kirchlichen Moralverkündigung. Hat die Kirche bei ihrer Moralverkündigung nicht über Jahrhunderte hinweg geradezu auf die Angst der Menschen gesetzt und ihre Niederlage, ihr Scheitern an den kirchlichen Moralnormen geradezu vorprogrammiert, da sie – wie man heute etwas salopp sagt – die Latte zu hoch legte? Man muß immer mehr fordern, damit wenigstens *etwas* herauskommt; so versucht man gelegentlich die pädagogische Weisheit dieser Überforderungsstrategie zu verteidigen. Bei Tarifverhandlungen mag das Zuviel-Fordern ja ein kluger Schachzug sein. Ist das auch im Bereich des Moralischen so? Darf es hier darum gehen, die Niederlage gleichsam als den Normalfall einzukalkulieren, damit die Kirche ihres Amtes als Helferin in der Niederlage walten kann? Oder wird die Kirche damit unglaubwürdig, was sich besonders deutlich im Scheitern der herkömmlichen Beichtpraxis zeigt?

Das verzerre die Absicht der kirchlichen Moralverkündigung; in ihr gehe es doch darum, den Menschen Orientierungshilfe zu geben in der allgemeinen Orientierungslosigkeit, wie sie gerade heute um sich greife. Kirche wolle und müsse den Menschen zu Hilfe kommen bei der Gewissensbildung, damit sie zuverlässig finden, woran sie sich im Gewissen halten und ausrichten können. So hört man es immer wieder, wenn etwa der Widerspruch gegen lehramtliche Festlegungen im Bereich der Sexualethik unüberhörbar wird. Aber was ist, wenn viele Menschen nicht als Hilfe, sondern als Bevormundung erfahren, was ihnen kirchenamtlich als Hilfe zugedacht ist? Wenn die, denen die Hilfe gelten soll, sich diese Art der Hilfe ausdrücklich verbitten? Haben sie keine Mitsprache bei der Entscheidung darüber, was ihnen wirklich hilft? Müssen sie sich zuvor als Gescheiterte definieren lassen, die eben gar nicht wissen können, wo Hilfe ist und wie sie sich anfühlt?

Solche Fragen werden leicht zur Unterstellung – wenn diejenigen, die sie vorbringen, sich nur als Ankläger fühlen und nichts davon wissen wollen, daß sie oft genug Mitmacher sind bei der Entmündigung der Hilflosen, beim eilfertigen Oktroyieren des Hilfreichen. Wie auch immer – die Fragen formulieren einen Verdacht. Und dieser Verdacht bringt – ob ausgesprochen oder eher verschwiegen – die kirchliche Moralverkündigung zum Scheitern. Wer nicht gefragt wird, wem keine Mitsprache eingeräumt wird bei der Frage, welche Hilfe ihm wirklich helfen könnte; wer zudem in der angebotenen Hilfe neben den offiziell geäußerten noch ganz andere Absichten der Helfer vermuten muß, der wird auf diese Hilfe dankend oder aggressiv ablehnend verzichten. Ist es nicht an der Zeit, daß sich auch die kirchliche Moralverkündigung auf die parakletische Sendung der Kirche zurückbesinnt?

Bernhard Häring etwa vermutet, daß die vorrangig verbietende und verhüten wollende Moralverkündigung die Menschen eher „demoralisiert“ und entmutigt, wo es darauf ankäme, sie zu ermuntern und zu ermutigen. Der Paraklet ist der Anwalt derer, die sich noch nicht trauen, der Anwalt dessen in uns, was sich noch nicht hervortraut. Könnte die Kirche ihre Paraklet-Aufgabe nicht gerade darin sehen, die Risikobereitschaft der Glaubenden zu stärken, die Bereitschaft, im Suchen nach dem Gottgemäßen – nach Gottes Herrschaft – etwas zu wagen, ungewohnte Herausforderungen nicht zu scheuen? Ist ihre Paraklese nicht gerade als geistlicher Widerspruch gegen die allgegenwärtige Neigung zur Resignation, zum Aufgeben, zum Rückzug ins private Glück bitter notwendig? Kann sie nicht gerade hier helfen und geradezu Wunder wirken; kann sie nicht gerade *so* die Niederlage des kraftlosen Resignierens darüber, daß man ja doch nichts ausrichtet, überwinden helfen, damit sie nicht im Zynismus zu ihrem unseligen Ende kommt?

Auch in der Pastoral stellen sich solche Fragen. Man ist schnell dabei, Projekte für gescheitert zu erklären, die nicht so laufen, wie man sich das vorgestellt hat. Man hat ja von vornherein nicht recht daran geglaubt, daß sie „etwas bringen". Nun hat man den Beweis. Hoffentlich hat man jetzt endlich Ruhe vor diesen aufgeregten Aktivisten und vor allem: Aktivistinnen. Es bestand ja von vornherein die Gefahr, daß die sich – als Laien – zuviel herausnehmen, daß sie zu wichtig werden in der Kirche, sich zu wichtig nehmen. Jetzt sind sie aufs Normalmaß zurückgestutzt. Und das ist gut so!

Vermutlich wird das kaum ein Pfarrer oder Bischof so unbarmherzig offen sagen. Aber die pastorale oder die kirchliche Verwaltungspraxis ist da oft ehrlicher als das blumige Wort der öffentlichen Erklärungen. Wo bleibt das Parakletische in der Pastoral, das den Amtsträger, den Kleriker mitriskieren, mithoffen, ermutigen, ja auch mitbangen läßt bei dem, was vielfach am Rand der kirchlichen Routine mit vollem Scheiternsrisiko ausprobiert wird? Wo bleibt die unvorsichtige Ermunterung der Unvorsichtigen, die noch nicht so genau wissen, was herauskommt bei dem, was sie da gerade mit großer Begeisterung anfangen? Ja, kennen wir in der kirchlichen Öffentlichkeit überhaupt noch den Sprachgestus der Ermutigung, einer Ermutigung, die nicht überlagert wäre von der Botschaft, sich nur nicht zuviel herauszunehmen? Kennen wir den *Trost* für jene, die zuviel riskiert haben und ihr Risiko nicht durchhalten konnten; den guten Trost, der in der Niederlage noch die Freude darüber wachsen läßt, daß man es versucht hat? Kennen wir das Parakletische in der Kirche?

Eine Flut von rhetorischen Fragen, von versteckten oder nur oberflächlich verkleideten Anklagen? Und wenn wir sie als echte Fragen nähmen? Als Fragen, die die Augen öffnen helfen: für das, was uns fehlt, aber auch dafür, daß es – bei genauerem Hinsehen – doch zu entdecken ist. Gewiß: das ärgerliche Vorherrschen der Ermahnung, der Warnung, der Kleinmütigkeit – das bestimmt unsere Kirchenwahrnehmung fast schon automatisch. Aber gerade wenn wir nach Klarheit suchen darüber, was uns eigentlich fehlt, stellen sich Erinnerungen daran ein, wo wir dieses allzu oft Fehlende in der Kirche erlebt haben – mehr und intensiver vielleicht als in anderen Gemeinschaften und Systemen:
– der Seelsorger, der die mutlosen Jugendleiter(innen) nicht einfach nur aufgemuntert, sondern durch sein Stehen zu ihnen aus der Enge ihrer Zukunftsängste ins Weite geführt hat;
– der Generalvikar, der sich von seiner Enttäuschung nicht gefangennehmen ließ und dem aus dem Amt geschiedenen priesterlichen Mitbruder einen beruflichen Neuanfang ermöglichte;
– die Kindergärtnerin, die für die jungen, verunsicherten Mütter eine „Seele von Mensch“ war;
– der Erzbischof, der die Laienmitarbeiter seiner Diözese mit seiner entschiedenen Solidarisierung aus ihrer Depression holte und herausforderte, ihre eigenen Wege zu finden im Gesamtkonzept der Pastoral;
– die Mutter, die Kirche lebte, da sie ihrer Tochter auch „Unverzeihliches“ noch verzeihen konnte.

Man müßte im staatlichen oder wirtschaftlichen System gewiß lange suchen, bis man so viel Solidarität mit Scheiternden, so viel Paraklese für die Verängstigten fände, wie – trotz allem – in der Kirche. Aber gerade weil das so ist, weil wir die Kirche immer wieder – auch – als Geistgeschöpf erfahren dürfen, schmerzt es um so mehr, wenn das Parakletische im konkreten Fall ausfällt; wenn der Paraklet, der den Gestrauchelten aufhilft und den Verängstigten „heraushilft", in der Kirche und durch sie nicht greifbar wird.

Das Zeugnis der offenen Tür

Der Ernstfall für die kirchliche Paraklese, das ist aber doch die „Unmenge" der Gescheiterten, die nicht nur ins kirchliche oder soziale Netz hinein scheitern, sondern wirklich „out" sind; die ihr Leben als ein einziges Scheitern erleben, als ein Leben auf der Verliererstraße. Vielleicht versuchen sie immer wieder neu, das „Beste" daraus zu machen und sich in eine negative Identität zu flüchten – ein provokantes Gegenbild dessen zu verwirklichen, was in unserer Gesellschaft als gelungenes Leben gilt. Aber meist sind sie gerade diesen Idealbildern selbst so sehr verhaftet, daß sie die Hoffnung nie ganz aufgeben, nach langen Umwegen vielleicht doch noch dahin zu kommen, wo der Erfolg auf sie wartet. Um so vernichtender trifft es sie, dauernd und immer wieder neu die Erfahrung machen zu müssen, aus dem Spiel zu sein, bei dem es für die anderen wenigstens Gewinnchancen gibt, abgeworfen zu werden vom Karussell der Möglichkeiten und Chancen. An der Unzugänglichkeit scheitern: der Unzugänglichkeit eines Menschen, einer Gruppe, einer Gesellschaft, eines „Spiels", bei dem man gar nicht erst mitmachen darf oder immer nur die Nieten zieht – nicht durchkommen, ankommen, hineinkommen, ausgesperrt bleiben und hilflos vor der zugeschlagenen Tür stehen. Denen, die so scheitern, hilft nur die

Erfahrung der Zugänglichkeit, wortwörtlich: der Zuvor-Kommenheit. Sie brauchen die Offenheit, die sie hinein- und dazwischenkommen läßt.

In der Kirche gab es immer wieder Menschen und Nachfolgegruppen, etwa Orden, die in den Spuren Jesu Christi und von seiner Reich-Gottes-Praxis herausgefordert gerade den Herausgescheiterten und an der Unzugänglichkeit ihrer Umwelt Scheiternden den zugänglichen Gott bezeugen wollten. Sie gingen freiwillig „hinaus"; hinaus aus der Geborgenheit des Klosters, einer das Alltägliche regelnden und sichernden Lebensform; hinaus vielleicht auch aus dem theologisch gesicherten Umfeld christlicher Existenzweisen. Sie verließen das Gewebe „vernünftiger" und falscher Rücksichten, um sich den Blick nicht verstellen zu lassen dafür, was draußen vor sich geht und was sich „drinnen" wirklich abspielt; um nicht mit halbem, sondern mit ganzem Herzen, mit Haut und Haaren dort zu sein, wo keiner sonst freiwillig ist: vor den verschlossenen Türen. So konnten sie selbst die Tür sein, durch die die Ausgesperrten Zugang fanden nicht zu den Spielen der Mächtigen, sondern zu einer Macht der Solidarität, die sie noch nie erfahren hatten: so konnten sie den vergegenwärtigen, der sich selbst „die Tür" nennt (Joh 10,9) – die Tür zum Leben, der sich öffnete, noch im Sterben sich öffnen ließ (Joh 19,34) und so den zugänglichen Gott – seinen Vater – sichtbar und erfahrbar machte.

Das Glaubenszeugnis für Gottes Zugänglichkeit war in vielen Jahrhunderten das geradezu heroische Gegenbild zu einer von Klerikern und Kirchenfürsten beherrschten unzugänglichen Kirche, zu einer vielfach unzugänglichen Verkündigung. Es galt vor allem den Schwerkranken, die zu ihrem körperlichen Leiden die soziale Isolierung zu ertragen hatten. Es galt – etwa in der franziskanischen Bewegung – den Armen und Außenseitern jeder Art; eben all denen, denen schon die Seligpreisungen Jesu galten. Dieses Zeugnis war für viele Scheiternde die einzige Hilfe, die ihnen in ihrem

Scheitern wirklich half. Es ist immer noch die einzige Hilfe im Scheitern, die wirklich hilft.

Es gibt auch heute in der Kirche Charismatiker der offenen Tür, Charismatiker des Hinausgehens und Draußenbleibens, Charismatiker des klaren Blicks, die sich nicht vereinnahmen lassen von der Perspektive der Mitmacher und Insider, die sich nicht gefangennehmen lassen von den vielen falschen oder „vernünftigen“ Rücksichten. Sie bezeugen den zugänglichen Gott in einer Gesellschaft der zugeschlagenen Türen, die nur denen Heimat bietet, die die Tür hinter sich zumachen können. Sie bezeugen Gottes Zugänglichkeit in einer Kirche, in der viele die Tür hinter sich zumachen möchten, damit man endlich wieder Ruhe und Heimat in ihr hat. Sie bezeugen uns die Verheißung, die in der Freiheit von falschen Rücksichten und in der Skepsis gegen die schnell ins Feld geführten Sachzwänge liegt, im Freiwerden von individuellen und institutionellen Selbst- und Machterhaltungsinteressen, im Freiwerden von der Sucht, Recht zu bekommen und Recht zu behalten; im Freiwerden von dem Zwang, genau unterscheiden zu müssen zwischen denen, die drinnen sind, und denen, die draußen sind, zwischen denen, die dazu- (zu uns) gehören, und denen, die zu den anderen gehören.

Das Zeugnis der offenen Tür ist ein Zeichen der Hoffnung darauf, daß der Abgrund des Scheiterns nicht tiefer sein wird als die Solidarität, die auch diesen Abgrund nicht scheut; ein Zeichen der Hoffnung darauf, daß die zu Pfingsten geöffneten Türen des Abendmahlsaales für die Sendung der Kirche immer noch mehr zu bedeuten haben als die hermetisch verschlossenen Türen beim Papstwahlkonklave.

Wenn die Kirche den zugänglichen Gott authentisch bezeugt, wenn sie Fenster und Türen offenhält oder wieder öffnet, dann kommt nicht nur frische Luft herein, was schon nicht gering zu achten wäre. Dann kommen auch neue Gedanken herein, von denen man in ihr noch nie reden hörte; dann kommen auch Menschen herein, wie man sie in ihren Mauern zuvor noch nie oder höchst selten sah: Gescheiterte, Selbstbewußte, Erfahrene, Fragende, Ungeduldige, Ruhestörer, Propheten, Verrückte und Begeisterte, vermutlich sogar wiederverheiratete Geschiedene und Priester, die sich mit einer Kirche nun endlich aussöhnen wollen, die sie als Verheiratete nicht mehr haben und sehen wollte. Eine beunruhigende Perspektive: die Scheiternden und Gescheiterten, auch die an der Kirche Gescheiterten, aus ihr Herausgescheiterten, nicht mehr draußen vor der verschlossenen Tür, sondern drinnen, so als sei ihr Scheitern gar nicht mehr wahr, überholt, weil die Türen nicht mehr verschlossen sind. Können wir uns mit dieser Perspektive anfreunden, selbst in dieser oder jener Situation das Zeugnis der offenen Tür geben? Einer unsrer akademischen Lehrer (im Kirchenrecht) hat uns gewarnt: die Kirche sei kein Taubenschlag. Ist sie eine Festung mit hochgezogenen Zugbrücken? Wo ist die Tür? Wer vermag es, Tür zu sein?

Österlich glauben
Ein nachdenkliches Schlußwort

Wer sich ein Thema vornimmt, mag es noch so zentral sein, ist in Gefahr, sich zu fixieren. Steckt nicht in unserer Konzentration auf die Thematik des Scheiterns doch eine Art Leidverliebtheit, die Ausblendung des Glückenden und Glücklichen im sterblichen Leben? Ist es uns gegangen wie der berühmten Maus vor der Schlange, die dann doch gefressen wird? Vor allem aber: Wie steht es denn mit der frohen Botschaft, wenn derart das Scheitern und die Niederlagen in den Mittelpunkt rücken und gerückt werden? Bekommt das Ganze nicht unter der Hand eine depressive und masochistische Tönung? Stehen nicht Christen überhaupt in Gefahr, die ganze Spannbreite des irdischen Lebens zu fürchten, sich in das Negative zu verlieben und Gott entsprechend zum Lückenbüßer zu machen?

Angesichts solcher Fragen (von anderen und in uns) mag es gut sein, sich nochmals den Stellenwert des ganzen Buches und unserer Intention theologisch zu vergegenwärtigen. Nicht zufällig steht ja im Zentrum des christlichen Glaubens das Bekenntnis zur Auferwekkung des Gekreuzigten. Nicht zufällig kann Paulus, fast ironisch und spöttisch, aus der Ostergewißheit heraus den Tod lustig machen: „Tod, wo ist dein Stachel?" (1 Kor 15,55). Er, der letzte Feind, gegenwärtig in allen Scheiternserfahrungen, ist vollends entmachtet und überwunden! Aber eben dies ist uns wichtig: Die Kraft der Auferstehung (vgl. Phil 3,10) zeigt sich nicht zuletzt in der Freiheit, das Ausmaß der Kreuzeserfahrungen, die abgründige Tiefe und Breite der Scheiternssituationen allererst anzuschauen, auszusprechen, schließlich anzunehmen und verwandeln zu lassen! Sowenig es ein Ostern ohne Karfreitag gibt, sowenig einen Karfreitag ohne Ostern: Beides ist, dringend zu unterscheiden und wohlunterscheidbar, doch nicht zu trennen! Wirklich stark ist, wer auch Schwächen und Niederlagen vor sich und anderen zugeben lernt! Wirklich glaubhaft ist, wer Tod und Leben zugunsten des Lebens anschaut und nicht eins auf Kosten des anderen hervorhebt. Hier liegt der entscheidende Unterschied zwischen Trauer(-Arbeit) und Depression: Letztere ist allzu oft nichts anderes als Verweigerung notwendiger Abschiedsarbeit und Trauer. Schöpferische Trauer gehört zum Osterglauben hinzu, wie eben der Karfreitag zum Ostersonntag. Sonst macht sich nur lähmende Resignation breit, oder es wird eine bloß appellative Jubelstimmung empfohlen, daß alles doch nicht so schlimm sei und bald wieder besser werde. Nein, es gibt im Glauben an die Auferweckung den Tod und das Sterben anzuschauen, das Scheitern und die Niederlagen; und so im Lichte von Ostern sogar schon in den Abgründen von Scheitern und Not, mitten im finstersten Dunkel doch schon die „Kehrseite" blendenden Lichtes glaubend wahrzunehmen. Der Glaube ist ja jene Haltung, die sich an dem orientiert, was sie noch nicht sieht – mitten im Sichtbaren.

In diesem Sinne ausführlich vom Scheitern zu sprechen ist also Ausdruck des Osterglaubens. Vielleicht geht es deshalb oft so resignativ und depressiv in Kirchenkreisen zu, weil weder die österliche Kraft zum Trauern und Verabschieden noch der karfreitägliche Mut zum Durchschmerzen und Durchstehen in Richtung Ostern und Neuaufbruch da sind. Uns war bei der Niederschrift des Buches dieser Paulustext wichtig:

Diesen Schatz tragen wir in zerbrechlichen Gefäßen; so wird deutlich, daß das Übermaß der Kraft von Gott und nicht von uns kommt. Von allen Seiten werden wir in die Enge getrieben und finden doch noch Raum; wir wissen weder aus noch ein und verzweifeln dennoch nicht; wir werden gehetzt und sind doch nicht verlassen; wir werden niedergestreckt und doch nicht vernichtet.

Wohin wir auch kommen, immer tragen wir das Todesleiden Jesu an unserem Leib, damit auch das Leben Jesu an unserem Leib sichtbar wird. Denn immer werden wir, obgleich wir leben, um Jesu willen dem Tod ausgeliefert, damit auch das Leben Jesu an unserem sterblichen Fleisch offenbar wird. So erweist an uns der Tod, an euch aber das Leben seine Macht. Doch haben wir den gleichen Geist des Glaubens, von dem es in der Schrift heißt: Ich habe geglaubt, darum habe ich geredet. Auch wir glauben, und darum reden wir. Denn wir wissen, daß der, welcher Jesus, den Herrn, auferweckt hat, auch uns mit Jesus auferwecken und uns zusammen mit euch (vor sein Angesicht) stellen wird. Alles tun wir euretwegen, damit immer mehr Menschen aufgrund der überreich gewordenen Gnade den Dank vervielfachen, Gott zu Ehre (2 Kor 4,7–15).

Literatur zum Weiterlesen

D. Bonhoeffer, Widerstand und Ergebung. Briefe und Aufzeichnungen aus der Haft, München ³1985.

J. B. Brantschen, Gott ist größer als unser Herz, Freiburg ⁷1991.

–, Warum läßt der gute Gott uns leiden? Freiburg ⁶1991.

A. Camus, Der Mythos von Sisyphos. Ein Versuch über das Absurde, Hamburg 1959.

D. Dörner, Die Logik des Mißlingens. Strategisches Denken in komplexen Situationen, Reinbek 1988.

H. Fries, Die Kirche als Anwalt des Menschen, Stuttgart 1954.

– , Leiden an der Kirche. Freiburg 1989.

G. Fuchs (Hg.), Die dunkle Macht der Sinne. Leiderfahrung und christliche Mystik, Düsseldorf 1989.

O. Fuchs, Die Klage als Gebet. Eine theologische Besinnung am Beispiel des Psalms 22, München 1982.

B. Häring, Frei in Christus. Moraltheologie für die Praxis des christlichen Lebens, 3 Bde, Sonderausgabe, Freiburg 1989.

H. G. Janßen, Gott – Freiheit – Leid. Das Theodizeeproblem in der Philosophie der Neuzeit, Darmstadt 1989.

H. Jonas, Gott nach Auschwitz, Frankfurt 1986.

C. G. Jung, Antwort an Hiob. Studienausgabe, Olten – Freiburg ⁶1986.

E. Kübler-Ross, Leben bis wir Abschied nehmen, Stuttgart 1982.

F. W. Marquardt u. a. (Hg.), Umgang mit Niederlagen (Einwürfe 5), München 1988.

J. B. Metz / T. R. Peters, Gottespassion. Zur Ordensexistenz heute, Freiburg 1991.

F. W. Niehl, Gottes Ohnmacht. Texte aus der deutschsprachigen Literatur, Mainz 1989.

W. Schmidbauer, Die hilflosen Helfer. Über die seelische Problematik der helfenden Berufe, Reinbek 1977.

D. Sölle, Leiden (Themen der Theologie. Ergänzungsband) Stuttgart 1973.

W. Sparn, Leiden – Erfahrung und Denken. Materialien zum Theodizeeproblem, München 1980.

J. P. Stössel, Tüchtig oder tot. Die Verdrängung des Leidens, Freiburg 1991.

J. Wittig, Roman mit Gott. Mit einem Vorwort von Eugen Drewermann, Moers 1990.

H. Wiersinga, Leid: Herausforderung des Lebens, München 1982.
E. Zenger / R. Boeswald, Durchkreuztes Leben. Besinnung auf Hiob, Freiburg 1976.
R. Zerfaß, Menschliche Seelsorge, Freiburg [4]1988.

Das frauenforum – sanft und rebellisch

Sanft und rebellisch
Mütter der Christenheit – von Frauen neu entdeckt
Herausgegeben von Karin Walter
248 Seiten, Paperback. ISBN 3-451-21861-5

Helen Schüngel-Straumann
Die Frau am Anfang
Eva und die Folgen
192 Seiten, gebunden. ISBN 3-451-21558-6

Hedwig Meyer-Wilmes
Rebellion auf der Grenze
Ortsbestimmung feministischer Theologie
288 Seiten, Paperback. ISBN 3-451-21821-6

Der Berg der Liebe
Europäische Frauenmystik aus fünf Jahrhunderten
Herausgegeben und eingeleitet von Helga Unger
ca. 264 Seiten, gebunden. ISBN 3-451-21407-5

Und Maria trat aus den Bildern
Literarische Texte
Herausgegeben und erläutert von Karl J. Kuschel
192 Seiten, Paperback. ISBN 3-451-21815-1

Auf den Spuren der Weisheit
Sophia – Wegweiserin für ein weibliches Gottesbild
Herausgegeben von Verena Wodtke
200 Seiten, Paperback. ISBN 3-451-21663-9

In den Gärten unserer Mütter
Religiöse Erfahrungen von Frauen heute
Herausgegeben von Letty M. Russell
168 Seiten, Paperback. ISBN 3-451-21676-0

Janet Morley
Preisen will ich Gott, meine Geliebte
Psalmen und Gebete
96 Seiten, Paperback. ISBN 3-451-21570-5

Frederic Raurell
Der Mythos vom männlichen Gott
224 Seiten, gebunden. ISBN 3-451-21136-X

Verlag Herder Freiburg · Basel · Wien